以成长为目标的人生

——献给亲爱的孩子

杨彭崙 ◎ 著

线装书局

图书在版编目（CIP）数据

以成长为目标的人生 ：献给亲爱的孩子 / 杨彭崴著
. -- 北京 ：线装书局，2022.3
ISBN 978-7-5120-4910-9

Ⅰ．①以… Ⅱ．①杨… Ⅲ．①教育－随笔－中国－文
集 Ⅳ．① G52-53

中国版本图书馆 CIP 数据核字（2022）第 013461 号

以成长为目标的人生——献给亲爱的孩子
YI CHENGZHANG WEI MUBIAO DE RENSHENG——XIANGEI QINAIDE HAIZI

著　　者：杨彭崴
责任编辑：林　菲
出版发行：线装书局
　　　　　地　　址：北京市丰台区方庄日月天地大厦 B 座 17 层（100078）
　　　　　电　　话：010-58077126（发行部）　010-58076938（总编室）
　　　　　网　　址：www.zgxzsj.com
经　　销：新华书店
印　　制：廊坊市海涛印刷有限公司
开　　本：710mm×1000mm　1/16
印　　张：14.75
字　　数：125 千字
版　　次：2022 年 3 月第 1 版第 1 次印刷
印　　数：0001—7000 册

定　　价：58.00 元

序言　寻找你人生的最高版本

　　这是杨彭崙老师出版的第二本书。他邀请我写一个序，我非常高兴。思考再三，我想对所有的读者说：要想有一个好的人生，向上向善发展，必须要找到你人生的最高版本！这个想法和认知来自今年寒假假期给青少年开办的线上生命成长课。为了讲好它，我深入研究了几个伟大的人物，其中有毛泽东、周恩来、朱德。我通读了几十本关于他们的传记和研究著作，我惊奇地发现，他们在童年或青少年时期，都找到了自己人生的最高版本。

　　毛泽东主席，生于1893年湖南湖潭县韶山冲一个农民家庭，1902年他在家乡韶山六所私塾完成启蒙教育，1910年考入湘乡东山小学，在此期间大量阅读书籍。他曾经读了《世界英豪传》，书中的华盛顿、林肯、彼得大帝等人物波澜壮阔的一生深深打动了少年毛泽东。他立志要成为那样的人。

周恩来总理，生于1898年江苏淮安驸马巷，在他不满周岁时，被过继给了重病中的亲叔叔。叔叔去世后，叔叔的妻子陈氏视周恩来为已出，精心培养和教育。陈氏出身书香门第，精于诗书和历史。她曾给童年的周恩来多次讲到历史人物韩信忍受胯下之辱和诸葛亮鞠躬尽瘁创下丰功伟绩的故事。童年的周恩来决心成为这样的名将和名相。

朱德总司令生于1886年四川仪陇县的一个佃农家庭。家境赤贫，数年吃不饱、穿不暖。但是少年朱德爱学习、爱读书、爱听故事，记忆力惊人。当时有一个走街串巷以编席子为生的曾任太平天国石达开部队的老兵，每年都来朱德家编席子。编席子时面对全家人讲太平天国翼王石达开如何变卖家产支援金田起义，为天下劳苦大众谋幸福的事迹，少年朱德每次听都兴奋不已，发誓要做像石达开一样的人物。朱德37岁时成为少将旅长，却放弃官位军职与财物，毅然决定去欧洲留学，寻求让中华民族富强的思想和途径。

他们三人为什么会这样做？他们为什么会活出这样波澜壮阔的人生，为中华民族创造出这样的丰功伟绩？我从著名教育专家、青少年人生规划导师董进宇博士的文章中找到了答案。

董进宇博士在《五十岁看人生》中说：每个人都是他自己命运的总设计师。人这一辈子，是富还是穷，是好还是坏，是成功还是失败，是辉煌还是暗淡，是幸福还是悲惨，是轰轰烈烈还是凄凄惨惨，完全是由自己创造的。

人生命运之轮的密码就是三个词：是（be）、做（do）、有（have）。

是，就是自我定义——你认为你是什么样的人。我们来到这个世界，没有人知道我们是什么样的人，这里关键在于你认为自己是什么样的人。我们一切外在的行为，都是为了证明和实现我们内心的自我认知。我们所做的一切事情都是为了表现"我是谁"。

如果你认为你是一个品德高尚的人，你就会像一个品格高尚的人一样思考，进而你就会做一个品德高尚的人应该做的事情，根据人际互动法则，别人就会把你当成一个品格高尚的人来对待，最后你就真的发现自己是一个品格高尚的人；如果你认为你是一个富人，你就会像一个富人一样思考，进而去做富人所做的事情，最后你真的拥有了财富；当你认为你是一个有能力的人，你就会开发自己的潜能，进而去做一个有能力的人该做的事，最后你真的成了一个有能力的人；当你认为自己是一个成功的人，你就会去研究成功的规律，去做成功需要你做的事，把事情做成功后，你就真的成了一个成功的人……

记住，你每天的所思所想、所行所为，都是为了证明或实现你的自我定义，你是用一切外在事实来证明"你是谁"。懂得了这一点，就等于你抓住了命运之神的权杖，你想要什么样的人生都可以实现。

所以，人生最关键的问题就是想清楚"你是谁"，按心中的最高理想，给自己一个最佳定义，然后你的人生由此展开。到最后，你会发现是你自己创造了你的命运！

人生应该以成长为中轴，找到你人生的最高版本，设定理想中的自己，给自己一个最佳的定义，然后去模仿他、接近他、成为他、超越他！你的人生绝对精彩纷呈，你一定会成为一个优秀、杰出、卓越、伟大的人。

张飞亮

2021 年 12 月 7 日

邯郸

以成长为目标的人生：献给亲爱的孩子

前　言

致　成　长

如果你曾经在写满风霜的眼底看到过美好

如果你曾经在结满露珠的脸上捡到过阳光

你不会在黎明前的黑暗中放弃奔跑

你不会在露水深重的清晨驻足停留

因为眼睛看到的远方未必是远方

因为肉体获得的自由未必是自由

就像理性的光芒

永远无法穿越经验的黑森林

就像我们的人生

没有经历过你便从未获得过

如果你准备好

开启一段爱与成长的旅程

请用心去感受和聆听

有一种力量在你的内心滋长

有一种美好在你的窗外生长

有一班开往春天的地铁会疾驰而过

越来越多的繁花就点缀在道路两旁

目　录

以成长为目标的人生：献给亲爱的孩子

第一章
CHAPTER

以"成长"为目标的人生

在成长的道路上，一定要牢牢地锁定一个目标，那就是不要依托任何借口，不要有任何抱怨，以成长为目标，不断地去增加自己的"吨位"，不断地学习，积蓄力量，提高自己的质量。最后，你会惊奇地发现，你人生的这艘航船会走得很稳、很远。

我现在在扬州，窗外是一大团一大团的雾，向远方看去，什么也看不见，这就像我们在某个年龄、某个特定的时间段一样，深陷一团迷雾之中，看不见远方，也看不见未来，更看不见迷雾中的自己……

我们无法想象，在未来的 3 年、5 年、10 年，甚至 20 年之后，会有一个怎样的自己在等着与你拥抱；也不能预判在久远的未来会发生些什么。但可以大胆地去想象在未来的 3 年、5 年、10 年、20 年之后，将有一个更帅气、更漂亮的自己，一个更美好、更温暖的自己，一个更有力量、更有担当的自己在等着我们，在等着握我们的手，在等着敞开怀抱去拥抱我们。

倘若我还有这样的一个机会，那我一定会更愿意去想象这样一个美好的场景，但是我已经没有办法像还处于学生时代的你们一样去畅想，我只能回溯我的过去，回溯我还是你们这个年龄的时候。

小学阶段的我，是个瘦弱、笨笨的小男孩。我的父母跟你们的父母一样，有着望子成龙、望女成凤的美好愿望，对我寄予了很高的期望，但时至今日，我依然清楚地记得当时我那令人绝望的学习成绩，被老师留下背课文、补作业更是常有的事情。那时候，我看不到自己的未来在哪里，我的父母、爷爷、奶奶也看不清我的未来到底什么样。

于是，我的父亲就把我送到了老家那边的林州市业余体校，我的中学阶段，有两年都是在那里度过的。很多人都说把孩子送到那里，孩子是要吃大苦遭大罪的。但我心里明白，我的父母把我送到那里是带着美好期许的，也许我将来能当个运动员！那个时候的我，真的不知道苦是什么，我只能困在迷雾中向前行走着。我第一次觉得我是可以去梦想成为一名运动员的，至少我再也不用每天硬着头皮去学习了。

然而，一切并没有如我所愿。在初中二年级下半学期，因为运动过量尿血了，于是我的运动员之梦破碎了……很长一段时间，我再度陷入了迷茫，我不知道如果我连体育都不能训练了，那我的未来会怎么样。

后来，我转入了一所普通初中，在那里我真正地感受到了前所未有的压力。在体校，我们一天只有 4 节课，剩下的时间都是训练，而转入普通初中之后，我感觉自己就像是一个白痴，那个时候我最不能接受的事情，就是别人说我是体校转过来的学生，说我是一个头脑简单、四肢发达的孩子。

幸运的是，那个时候有一句话一直萦绕在我的耳边鼓励着我，那就是"不蒸馒头争口气"。当时面对压力，面对即将到来的中考，我常常用这句话给自己打气：我的学习成绩没有办法和别人比，那我就跟自己比，不蒸馒头争口气，我要为自己争一口气。所以我在初三那一年学习特别努力，并且那一年也是我感到学习特别快乐的一年。那时候，我忘记了一切，只是拼命地学习，努力地想要证明自己。中考成绩出来后，我被自己的成绩吓了一跳，我从没想过我会以全校第六名、全班第一名的成绩考进林州市的一所重点高中。

进入高中阶段，我的成绩让我觉得我的未来是一片坦途、一片光亮。然而，在高二那一年，我和我的班主任老师发生了激烈的冲突和矛盾，那个时候的我无论如何都看不上这个老师，横竖觉得他不顺眼，不愿意听他讲话，不愿意学他的这门课，甚至故意不写他布置的作业。于是，我的成绩急剧下滑，我眼睁睁地看着自己的名次逐步滑出了学校的榜单之外。

在我成绩下滑得很厉害的这个阶段，有一个同学跟我说："像你这样的学生，如果能考上大学，母猪都能上树！"而我的爷爷则鼓励我说："如果你能考上大专，我就在村里边给你放一场电影。"所以，我在高三时开始调整自己，想着就算是为了这场电影也要努力学习。

高考结束后，我考上了一所本科院校。

那么，我想和你们分享的是什么呢？

在这样的一个年龄，如果向前看，可能真的就是一团"迷雾"，我们看不见在更遥远的未来会有怎样的情境等着我们，也不清楚多年后的自己会成为什么样子，我们多少会有一点儿恐惧、一点儿迷茫，但还有一点儿期望，也许我们能遇见一个更好的自己呢？在这团"迷雾"之中，我们能够去把控的好像已经不仅仅局限于未来我们一定能考上一所什么样的学校，成为一个什么样的人，因为影响这些结果的因素太多了。如果我从40岁这个年龄回溯，我发现我们唯一能把控的就是让今天的自己比昨天的自己再好一点儿。

也许是因为我自己有过这样一段无助、迷茫的经历，所以我更愿意和许多孩子交朋友，每当我看到孩子们在挣扎、在迷茫、在恐惧、在哭泣时，我就特别难受，特别能感同身受，我希望我能和他们在一起。

十年前，我刚好有机会接触了一些和曾经的我一样深陷"迷雾"中的孩子。他们要么是同学关系出现了问题，要么是跟父母、老师产生了激烈的对抗，要么是沉浸在网络游戏的世界里出不来，要么是在休学的边缘挣扎着、痛苦着，要么是已经辍学……我当时就和孩子们交流，和他们谈我的经历，说我特别能体会他们的这种感受，但我没有办法把我的人生经验复制给他们，如果不知道该怎么办，眼前是一团"迷雾"，什么也看不清，那就不妨把成长当作目标，让今天的自己比昨天的自己变得更好！

我们可以不跟任何人比，但我们要感受到自己每天的进步。如果你现在不上学了，那你就努力让自己重返校园，慢慢地迈出这一步；如果你现在成绩不好，那你就让自己的成绩往前走，让自己变得越来越好。

起初，我不知道我到底能不能让孩子们体会到我的人生经历和感受，但后来我发现，在那个时候我陪伴着的孩子，十年之后，有的上了大学，有的读了研究生。我很庆幸陪着他们从徘徊在辍学边缘的迷茫中走出来，成了更好的自己，拥有一个更好的未来。我在为他们感到高兴之余，更多了一份信心和底气去与你们交流。今天的他们也许就是明天的你们，没有什么不敢想的，给自己定一个目标，朝着想象中美好的自己去努力，便可以向那个更好的自己靠近一点儿，再靠近一点儿。

下面我想和同学们分享 3 个真实的故事：

我还记得有这样一个孩子跟我讲，他特别努力，但成绩一直上不去，他不知道哪里出了问题，他不知道该怎么办，特别沮丧和无助。我询问了他定的目标是什么，他说非常希望自己能考一个好的高中，考一个好的大学，但就是现在的成绩让他感到无能为力。我现在依然记得

以成长为目标的人生：献给亲爱的孩子

我对他说他的目标定低了，他不理解我为什么这样说，并说自己的目标是考多少分、考什么学校。我建议他不要以考多少分为目标，因为这样会在无形之中给自己很大的压力，然后就会越学越疲惫、越努力越无助。我表示特别能理解他现在的处境和感受，我建议他转换一下目标，不要一直纠结怎样把分数提上去、排名怎样才能再靠前一点儿，这只是一个普通人的目标，我们要把"让自己变得好一点儿，再好一点儿"当作目标，而且切记不要和任何人做比较。

当你能够做到这些的时候，你就努力去突破自己，努力地成长，然后不断地去探求自己更多的可能性。比如说在阅读理解上能不能再快一点儿？能不能在各个学科之间找到知识的共同要素和关联性？当你做作业的时候，不要为了完成作业而写作业，而是当作一种训练自己的途径。你要时刻想着："如果我的数学成绩提不上去，那我就去看一看那些最优秀的数学家们的传记，去学习一下他们的思维方式；如果我不敢上台发言，那我就不妨走上讲台去讲一次话，反正又不会怎样；如果我的英语口语不够好，我不妨就大声地读一读，不断地培养自己的英语语感。"所有的这一切，都值得你去试一试。

然后，这个孩子又对我说："杨老师，我特别努力，可是我学习的时候不够专注，我想集中精力，但我专注不起来。"当我听到他提这样的问题时，我的内心特别开心，因为这个问题是以成长为目标、是从主观上提出来的，而不是为了提高成绩从客观的角度提出的。

如果大家有类似的情况，在这里，我建议大家去观察一下小鸟，我们不难发现，鸟在睡觉的时候，它的两只爪子会紧紧地抓住树枝或电线，那么它为什么不会掉下来呢？因为这与它特殊的神经链接有关系。同样，对于人来说，如果我们希望大脑能够牢牢地专注在知识点上、老师讲的内容上、作业上、自己的事情上，不妨将我们的大脑类比鸟的爪子，因为人类大脑的工作状态和鸟的爪子特别像，当我们的身体高度放松，大脑就会像鸟的爪子一样高度专注；相反，如果身体越紧绷，大脑的焦点就会越涣散。所以，我建议大家试一试深呼吸，让自己的身体处于高度放松的状态，然后去体会这种感觉，这种体验多了，身体就能自然而然地放松，从而达到大脑专注的效果。

同学们可以想一下，这种去探索身体的奥秘，探索大脑的奥秘，探索自己各种各样的可能性，是不是比盯着成绩更有意思呢？

有一个初三的女孩，其他成绩都还好，就是数学成绩不好。她的自尊心很强，也很想学好数学，所以她的妈妈就带着她向我说明了情况。这个女孩对我说，她的数学成绩一直上不去，一直都是80多分，始终突破不了90分。孩子看起来很委屈，妈妈也很心疼。

我对她说："数学成绩不一定要好一点儿，但你可以变好一点儿。"我们在学习、生活中都会遇见这样一些学生，他们学习得很轻松，正常地写作业，似乎也没有付出更多的努力，但就是会在考试中取得优异的成绩。

过去我也很疑惑，但后来我发现，父母的思维方式会在一定程度上影响着孩子。在整个思维方式上，有的同学偏文科思维，有的同学偏理科思维，它背后的驱动程序其实和我们所在环境的思维方式有关系。

一个偶然的机会，我读了帕斯卡的传记，学过物理的同学都知道压强的单位就是以他的名字命名的，这是一位数学天才。但我发现帕斯卡的数学之所以那么好，是因为他有一位数学家老爸。后来我又看了从芝诺到庞加莱时代历史上诸多优秀的数学家的传记，他们都并不是天生的数学天才，只是有这样一个思维方式的环境在驱动着他们。

所以我们要想把数学学好，就要学习他们的这种思维方式，否则，如果我们用理科思维学语文，用文科思维学数学，到了初中、高中，就会发现这些思维方式将会牵制着我们的成绩。

我们也许没有这样思维方式的家庭，但我们可以去学习那些优秀学者的思维方式，把自己想象成一位数学家去进行思考。例如，当你在做数学题时，你可以将自己代入，想象一下命题人或数学家是怎样出题和思考问题的。所以，我建议那个女孩去看一下诸多优秀的数学家的传记。

让我感到开心的是，那个女孩真的按照我说的去做了，去代入自己，去思考。几个月后，女孩的妈妈给我打来电话说："杨老师，告诉你一个特别令人兴奋和激动的消息，我女儿数学考了 112 分，这可是从来没有过的！"我当时很惊讶，但我惊讶的不是女孩的成绩，而是她的行动力，一个初三的孩子能在这么短的时间去转变自己，真的很难得。

还有一个是高二的女生，她的成绩特别不好，在班级里几乎每次都是倒数第一名，她觉得自己考大学没有希望了。我问她："你现在的名次和你能否考上大学有直接关系吗？"她想了一下说，没有直接关系。我又问她，什么是有直接关系的。她回答："努力呗。"我对她讲："那从哪些方面努力呢？我已经看到了你的努力，你还做过无数次的尝试，我也知道你心中有很多委屈和迷茫，那你现在做什么才和未来的那个结果有联系呢？"她告诉我她的老师对她说，以她现在的成绩，即使再怎么努力也只能考个大专，而且她的妈妈也是老师，也觉得她很笨，觉得她考大学没有希望，同学们基本上也都这样说……

于是我给这个女生找了个本子，让她在本子上记下两句话：第一句是"在这个世界上，除了你自己没有人知道你有多好"；第二句是"永远不要否定自己"。

我和她说："高考还没有到来，你还有时间，这就意味着你还有机会，所以让自己的注意力不要只盯着自己的分数，不要管别人怎样评价你，你自己要对自己有一个确定的认知，就是你会越来越好的。"然后那个女生问我她怎样才能变得更好一点儿。我很为她开心，因为只有她相信自己会越来越好，我们探讨的这个话题才会有意义。于是，我就开始和她去探讨怎样使自己变得更优秀。我开导她："想象一下你的敌人、你的对手就是你自己，跟任何其他人都没有关系。你问问自己：'我真的笨吗？别人说我不行，我就真的不行吗？别人说我考不上大学就真的没有结果吗？'"我陪伴辅导她至少有半年的时间，每当她开始否定自己的时候，我都尝试让她把自己的注意力放在自身的努力上，反正分数已经这样了，倒不如就先别管分数，只管自己，要知道，分数是由我们自己创造出来的。

后来，她的妈妈给我打来电话，告诉我她考上了中央民族大学，而且还是金融专业！

这个女生后来也给我打了电话，说："杨老师，谢谢您，我这一辈子都会记着您和我说的'我的敌人就是我自己'，进入大学之后我更加知道了我要以成长为目标，而不是以分数为目标了……"

分享了这么多，我想告诉大家什么呢？

分数是以成长为目标创造出来的副产品，它是自然而然的事情。如果你不断地让自己变得更好，不断地去探求自己的各种可能性，在遇到任何问题的时候不掉入自我否定的陷阱和怪圈，那么，我相信更好的成绩、更好的未来都在前方等着你。

其实这样的故事还有很多，我很幸运我能陪伴着这些孩子走过很多年，我也和他们一起成长，见证着他们以成长为目标，一步一步地抵达理想的彼岸。

如果此刻的你在"迷雾"中穿行，看不见前面的路，请永远不要放弃希望。如果在未来，50%的可能是一个衣衫褴褛的你，50%的可能是一个光鲜亮丽的你，我希望你能相信未来等着你的将是光鲜亮丽的你，一个更好的你。

虽然未来不可预知，但你可以选择相信你的未来是怎样的。如果你相信有一个更好的你在未来等着你，即使你在"迷雾"中前行，即使你遇到了很多的问题，你也会

以成长为目标的人生：献给亲爱的孩子

一次又一次地去挑战自己，去翻越自己这座山峰。

以成长为目标去开启你的人生吧，如此，伴随你的所有问题都会变成一个指向，那就是让自己变得更好。如果现在你的眼睛还盯着分数，那你不妨告诉自己，这个目标太低了，这是一个普通人的目标，而非一个智者的目标。

分数帮不了你任何忙，而那个创造分数的人才能够真正帮助你，那个人恰恰就是你自己。我们要好好地善待他、感谢他，给他一个拥抱，给他一个鼓励，给他一个赞美，永远不要放弃他，永远不要对他灰心，永远不要对他说不行。

如果你以成长为目标，你便会创造更多的美好和奇迹。如果你现在正在和别人比较，或者你的父母总是拿你和别人比较，那你可以思考一下，我们在比较的过程中其实可以得出一个深刻的经验和教训——人和人没有可比性，我们真正的对手是我们自己。分数的跃升只是副产品，它是循序渐进的，而我们唯一需要超越的只有自己。

有一年，我到三亚去参加董进宇博士的一个课程。那年我第一次坐游轮，当时我们的游轮吨位比较轻一点儿，海上一有风浪，游轮便会晃来晃去。刚开始我还在钓鱼，有说有笑，但后来我看到船舱里躺着很多人，询问后才知道是他们晕船。没过多久，我也意识到我晕船了，头晕、恶心，钓鱼的心情都没有了。事后我就在想，为什么会晕船呢？为什么那个船会颠簸得这么厉害？这个船如果再重一点儿会不会好一点儿？

后来，我突然想明白了一件事情，如果我们把自己比作一艘航船的话，一开始我们就是那个吨位不够的小船，稍微有一点儿风浪就会左摇右晃，甚至会在顷刻之间翻倒；如果我们人生的航船在人生的这个海平面上一路航行，我们想要走得再好一点儿、再稳一点儿，抱怨风浪是没有用的，我们需要的是增加自己的吨位；如果你的这艘航船的吨位像泰坦尼克号一样，那么外面的风浪就和你没有了任何关系，你可以在里面跳舞，在里面喝酒，你的酒杯也可以被稳稳地放在那里，一滴酒也不会洒出来。

所以，那一次之后我就在想，如果我还在抱怨我的学习有多苦，我有多么不幸，抱怨我的人生左摇右晃、狼狈不堪，那就说明我的"吨位"还不够。我们这艘人生的航船要想稳稳地前行，我们就只有一个任务——增加自己的"吨位"。

有一次，我跟河南新乡的一个小男孩和一个小女孩分享了这件事，我特别欣喜地告诉他们我的这段经历，后来我又讲给了更多的像他们一样曾经有过迷茫的孩子。我希望他们在成长的道路上要牢牢地锁定一个目标，不再给自己找借口，不再抱怨，而是不断地增加自己的"吨位"，不断地学习成长，不断地积蓄力量，不断地提高自己的质量，最后便会惊奇地发现，人生的这艘航船走得越来越稳。

第
二
章

C H A P T E R

自我定义与时间

时间是最宝贵的生命资源，是生命的"货币"，而每个人手里的每一秒钟都是公平的。我们的生命是活得高贵还是卑贱，全由我们自己决定，怎样对待自己的时间，就等于以什么样的态度对待自己的生命。

在日常学习生活中，我们总会遇见一些孩子会经常性地问这样的问题："老师，我怎样才能变得更好？""老师，我怎样才能考出好成绩？""我怎样才能活得不自卑？""我怎样才能拥有更多的朋友？"……

　　大家问的这些问题，我在上小学时也问过我的奶奶，我说："我怎样才能学习好？怎样才能不那么笨？"我的奶奶这样回答我："你要珍惜时间，一寸光阴一寸金。"我的父亲在旁边听到后，补了一句，他说让我一定要记住奶奶的这句话，因为奶奶是我们家的智者，她讲的思想是非常重要的。

　　当时我就想，我长大了也一定要当智者。为什么呢？因为珍惜时间这句话谁不会说呢，如果以后有人问我："怎样才能学习好，实现梦想呢？"我就跟人家说，你一定要珍惜时间，一寸光阴一寸金！这样，我也就变成智者了。

　　令我没有想到的是，在多年以后我给大学生讲课时，很多人问我同样的问题，我发现我的回答真的和我奶奶当时对我说的一样，归纳总结起来，就是我们要改变对时间的认识，改变对时间的态度。

　　曾经有一个高中的学生问我："我想要考上一所梦想中的大学，要怎样才能做到呢？"我问他想考什么大学，

以成长为目标的人生：献给亲爱的孩子

他回答说是北京大学，我觉得挺不错，但他又说："可我觉得我考不上。"我又问他："你是觉得你考不上呢，还是觉得你不配？"他想了一会儿说觉得自己考不上。于是，我对这位同学说，北京大学是很多人梦寐以求的大学，考不上是我们的能力问题，但配不上就是我们的心态问题和自我定义问题。如果你是因为能力问题考不上，那我们就辜负了"上帝"造人时的一番美意，因为每个人都有能力去实现自己的梦想。

各位同学不妨认真地反思一下，对学习这件事情来说，我们有多少人是因为能力不够而没有办法考取一个好成绩或者考一个好的学校，甚至是实现自己的梦想呢？

如果我们是因为遗传问题、基因问题导致脑袋笨、傻，那么考不上北京大学、清华大学就是能力问题。但我们绝大部分人谈论的考不上心仪的大学，不能实现自己的梦想，是一个自我定义的问题，而并非真的考不上。只要我们没有先天性遗传疾病——就像我小时候总觉得自己特别笨，这就是自我定义问题，而非能力问题。

这个同学又问我是怎样看出来他觉得自己配不上北京大学的，我诚恳地回答他："是你对自己的态度，让我看出来的。"紧接着，他又问我是怎样看出来他对自己的态度不好，我非常肯定地回答了他："你对待时间的态度，反映出了你对待自己的态度。"

接下来，我想和大家分享一下我的心得，站在我这样的一个年龄，来谈一谈我对时间的认知和看法，同学们可以看一看会有怎样的启发。

在上一章里，我们有提到，你现在考倒数第一名和将来考清华大学、北京大学有直接关系吗？这个问题的内涵在于我们应该怎样去理解时间，对待时间。

在很多父母带着孩子参加我主讲的博瑞智《爱与成长》的课程活动中，我分享了这个观点，并谈到了一个重要的定义，叫作"人的生命是由时间组成的"。我问大家要怎样去理解这句话，很多孩子踊跃发言、各抒己见："时间很重要""一寸光阴一寸金""我们要珍惜时间"……但我发现，这些说法都是我们经常听别人讲的这样一个概念性的对时间的认知。后来，我画了一个时间轴，让他们看一下这样对时间的认识了解会不会多一点儿，进而对自己的认识多一点儿。

我提问了一个孩子，问他几岁了，他回答 16 岁。于是，我问在场的父母及孩子："你们有没有长寿的梦想？"他们几乎异口同声地说有，我又问道："那你们觉得活多长时间算是长寿呢？从 0 岁到多少岁呢？假设在这个屋子里听我分享的人，都能活到 100 岁行不行？"很多人立马就乐了，都说太行了！还有一些孩子有更大的梦想，说想活到 120 岁。

我对他们说，不妨取一个绝对值，我们就活 100 岁。大家都说行。然后我又对那个男生说："你看，我们现在知道了，我们没有不会死的人，我们的生命都会有终止的时刻，那就是我们活到 100 岁的那一天。1 分钟不会多，1 分钟也不会少。那么我问你一个问题，你现在 16 岁，如果活到 100 岁，请问你还能活多少年？"男生说："老师，这个问题太简单了，我还能活 84 年。"我又说："那我就再问一个不算简单的问题吧，相对于 100 年，你还能活 84 年，那么你能向我表述一下已经走过的 16 年吗？"

关于 16 年的表述，有各种各样的回答：我的 16 年随风远去了，我的 16 年消失了，我的 16 年成长了……

我又问男生："请问这 16 年你还能再活一遍吗？假如说这 16 年活得很糟糕，或者很痛心，或者很后悔，有很多遗憾，那你还能重新活一遍吗？"他说："不能了。""那这 16 年你去哪儿了呢？"我紧接着问他。

相信很多孩子的脑袋会一时间绕不过来，会想这 16 年能去哪儿呢？不就在这吗？如果你也是这样想的，那么我希望你也一起思考一下：我们这里讲的是时间的一个相对概念，你能活 100 年，现在已经活了 16 年，那么你还能活 84 年，相对于这 84 年，这 16 年作为相对概念，它去哪儿了？

我不知道你会怎样思考和回答这个问题，但在活动现场，有人喊了一句："杨老师，这 16 年的我们'死'啦，永远不可能再活了。"这个回答在我看来，是无比正确的。这就是从时间的角度看自己，是一个相对概念，是相对于我们还能活 84 年来说的，我们永远不可能再活一遍过去的 16 年，这 16 年的你已经"死"了，你能活着的时间还能持续 84 年，这是你作为一个人活着的存在，在时间轴上还能体现 84 年的时间。

当时看着大家还是有些迷茫，我就这样对他们说道："大家看一下这个时间轴，我们把它的进度条拉过去，想象一下现在的你已经 99 岁了，假如你现在还有 10 秒就到 100 岁了——你的生命就终止了，那么这 10 秒钟的时间，时间'嘀嗒'地响了一下，你的心也'咯噔'了一下，为什么呢？因为 9 秒之后你的生命将永远终止，最后那一秒之后你永远不可能再活了。你再想一下此刻你躺在床上看着周围的人，他们也看着你，这些人里有你的子女、你的孙子，你想说些什么，但你又什么话也说不出来，你又听到了放在你家床头上的那个闹钟，它的指针又'嘀嗒'地响了一下。无疑，此时你还能活 8 秒，然后时间又'嘀嗒'

地响了一下，这时候，你还能活几秒？"他们异口同声地说："7秒。""那7秒之前的1秒你去哪儿了？能不能再活了？答案肯定是永远不可能再活了。在我们还活着的时候，我们喘着气，我们仿佛能听到最后生命结束的那个脚步声在向我们走近，我们多想让它慢点儿来，让这个时间别走了，但它还是'嘀嗒'地响了一下。"我说到这儿，当时在场的孩子们便大喊："6秒。"

我接着说："这个时候你又听到了时间无情地'嘀嗒'地响了一声。"我感觉到大家的心仿佛在颤抖，说："5秒。"我并没有停止："时间紧接着又'嘀嗒'地响了一声。"我看到大家的情绪变得有些低落，说还有4秒。"也就是你作为一个人活着的状态在时间轴上还能体现4秒，此时，时间又'嘀嗒'地响了一下。""3秒！""时间又'嘀嗒'地响了一下。""2秒！"

"你的大脑此时会飞速运转，你开始回顾你的一生，你想自己的这一生幸福吗？快乐吗？还有什么遗憾？还有什么未了的心愿？……你的大脑像过电影一样迅速地闪过你这一生的画面，这些画面在闪的过程中，它会全部定格在最后一秒。如果你可以灵魂出窍，把你自己从你的躯壳里抽离出来，你站在旁边看着床上的自己，你看着自己长长地呼出了一口气，没有再吸气，你看到所有的家人都开始哭泣……请问，此刻的你是什么状态？"有很多孩子对我说是死亡状态，我追问为什么，他们说因为时间用完了。

所以，现在大家重新思考一下"你走过的时间是否还能重新活一遍"这个问题。人的生命是由时间组成的，从这个角度来看人的时间，那么你所拥有的时间的价值，其实体现的就是你的生命价值。

我们每个人拥有的时间都是最宝贵的生命资源，我们拿着这些资源？用它们交换我们想要的一切东西。例如，你这次进步了50名。谈到这里，如果大家听明白了，可能就会看着这进步的50名惊呼："天哪，这是我拿命换来的！"同样，退步50名呢？也是拿命换来的。

你说你今天在学校和一个同学吵架了，他太可恶了，你们整整吵了两个小时，我会说挺好，这是拿命换来的两个小时的吵架；你说你今天打了一天游戏，从早上到晚上又加一个通宵，24小时没停，那么你的生命资源又少了24小时，不管你是开心还是觉得空虚、无聊、没有意义，总之它都是你拿命换来的。

大家可以摸一摸自己身上的衣服，请问它们是从哪里来的？很多人可能会说是拿钱买的。那么你口袋里的钱又是从哪里来的呢？没错，是父母给的。那父母的钱又从哪里来？你们会说，他们有工作，是领导给的。那么，你们父母付出了什么，领导才会给他们钱呢？他们付出了时间和精力，对，这是拿命换来的。

时间是我们最宝贵的生命资源，是我们生命的"货币"，我们每个人手里的时间都是公平的。例如，你初中上了3年，大家其实也都拥有3年的时间，3年的生命资源，我们拿着这些生命资源去交换什么，那是你的自由。

我曾经举过这样一个例子：

假如你在沙漠里走了三天三夜，已经很长时间没有喝水了，你现在是又累又渴，忽然你在沙漠里看见了一个商店，于是你跌跌跄跄、连滚带爬地奔向那个商店，你特别渴望推开门之后，里面有东西吃、有水喝，因为你已经很久没有吃饭、没有喝水了，没有吃饭你还能忍受，但如果再不喝水，你感觉你的生命就要枯竭了。可是当你进去之后，你看见他们家门口有一个厕所，你瞥见厕所里有被用过的卫生纸，可你转头又瞥见那个商店里有矿泉水、面包、方便面、火腿肠……各种各样吃的、喝的。

你摸了一下口袋，里面有84元钱，你把这84元钱拿给店主说："我发现你们家厕所里用过的那筐卫生纸特别好，能不能让我把那一筐用过的卫生纸买走？"

我每次举这个例子的时候，孩子们都会说恶心死了，他们才不会买那筐卫生纸呢！我告诉他们说："这可不一定，也许你们正在买呢！"孩子们又说道："那筐卫生纸对我们来说没用，而且还是用过的，恶心死了。"于是我问他们会买什么。"就这么点儿钱，当然是买水、买吃的！"孩子们大声地说着……

这其实是一样的道理，比如把你的初中 3 年或高中 3 年比作时间"货币"，你们的手里有 3 元钱的时间币，也是 3 年的生命币，那你会买对你生命成长没有任何营养，甚至还很恶心的东西吗？你到底会去买什么呢？

有的人拿着这 3 年的生命币去交换自己需要的东西，交换能"解渴"的、对自己生命有养分的、能让自己茁壮成长的、充满精神力量的东西；有的人拿着这 3 年的生命币去交换了一个更好的高中或是一个更好的大学。而有的人玩了 3 年，或是 3 年来每节课都在睡觉，可以说是睡了 3 年；有的人进行了无限的遐想，"身在教室坐，心在远方飞"；还有的人选择和老师对抗，和同学对抗，跟他们打架，讲他们的坏话……

我们拥有一样的 3 年的生命币，但大家交换的东西却不一样，有人换了"水"，有人换了"食物"，有人就真的换了那一筐用过的"卫生纸"，对自己一点儿用都没有，还令人恶心。

如果"人有高低贵贱"这个说法成立的话，那么一个人是活得高贵还是卑贱，不是由别人评价的，而是由我们对时间的态度决定了我们生活得是高贵还是卑贱，一切全是由我们自己决定的。因为别人评价不了任何人，我们也评价不了任何人。你说你活得高贵，那就要看你对待时间的态度是怎样的；同样，你说你活得卑贱，那也要看你是怎样对待时间的，你是以什么样的态度对待你的人生的。

你说你愿意让大把大把的时间浪费掉，你乐意买别人用过的"卫生纸"，这是你的自由；你说你拿着这 3 年的时间去交换你想要的知识，去累积你生命的能量，让你的精神成长得更有力量，让自己的每一天活得更加充实、更加有意义，这也是你的自由。

自我定义与时间，换句话说，我们对待时间的态度就是我们对待自己的态度，我们拿着这些时间去交换什么的行为定义了我们自己。如果有同学再一次问我怎样才能让自己变得更好，怎样才能实现自己的梦想，我的答案依旧是——改变你对时间的认识，改变你对时间的态度。一个重新定义自己的人，在面对"我能不能考上清华大学、北京大学""我能不能考上一个好的高中""我能不能成为一个科学家、政治家、企业家"这样的问题时，才能说："我配得上这些！"

如果大家想要体会得更深一些，那么我建议大家去买一个能听见表针走的闹钟，然后你把它放在自己的身旁，一个人静静地坐下来听一听，什么也不做，什么也不要去想。闹钟每"嘀嗒"一下，我们的生命就死去了1秒！体会刚刚过去的这一秒我们永远不能再活了……你坐在那里5分钟，去感受一下这5分钟生命的流逝，你能体会到那种时间的概念无比深刻地刻入你的骨髓、融入你的血脉的感觉。

　　看到这里，如果此刻的你开始改变了对待时间的态度，改变了对自己的态度，对自己有了全新的定义，那就拿着你手里最宝贵的生命资源——时间，去交换你想要的任何东西吧！

以成长为目标的人生：献给亲爱的孩子

第
三
章

CHAPTER

快乐学习的秘诀

　　如果你想找到快乐学习的秘诀，不妨试一试我的方法。只要你想解决这个问题，你有勇气去尝试一种新的学习体验和感受，坚持一段时间，你就会发现你能在学习的道路上找到一种别有洞天的感觉！

快乐学习是一个老生常谈的话题，很多人可能都问过："我怎么样学习能够快乐？""我怎样学习才能够不苦恼？""我怎样学习能够更轻松一点？"……

现在，有很多的同学对于探求学习的快乐就像我们上山寻访灵丹妙药一样，近乎绝望了。以前我和孩子们开玩笑时，有个孩子问我："有没有一种药可以一吃就不用学习？有没有一种办法可以让我不用面对学习？"我问他："那你为什么不问一问有没有一种药一吃就可以快乐地学习呢？"他表示没有想过，他只想着怎样才能不用面对学习、不用写作业、不用听课。

我知道这只是孩子们的一种情绪，一种很现实的心理活动。如果真的不让孩子们学习了，不让他们上学了，那孩子们必然会恨自己的父母。可见，这并不能真正地解决问题，所以我们就来找一找、看一看，是否真的有这样一种药，可以让我们吃完之后能够快乐学习。

一位妈妈经朋友推荐后把她上四年级的孩子带到了我面前，说她的孩子有问题，让我给孩子做一个咨询。我对这位妈妈说我不会咨询，我不是学心理学的，但我可以和孩子聊一聊，看看有什么是我可以帮上忙的。听到这些话，这位妈妈显然有些失望，但还是决定让我和她的孩子聊一聊，并向我说明孩子最大的问题是不喜欢写作业，并且拒绝写作业，而且孩子的态度还特别不好。于是我就和这个孩子坐下来聊了聊。

这是一个小男孩，我对他的印象特别深，因为他实在是太有趣了。我问他为什么不喜欢写作业，他说他不喜欢学习，也不喜欢写作业，我又问他："那你怎么看待学习呢？怎么看待你妈妈让你学习这件事情呢？"他对我说："杨老师，我觉得学习就像是绑匪绑票一样，我就是被绑票的那个人，所以我心里不愿意学习。"他的这个比喻很好玩儿，也很形象。我表示非常理解，然后我又问他："你可以聊一下你妈妈让你学习的这个过程吗？"他说："我的妈妈几乎每一天都在逼着我学习，但幸运的是，我没有就范。"我笑着问他怎样没就范，他说："妈妈一让我写作业，我就大喊'我不想写作业！我不想写！'"于是我开玩笑地对他说："那你嗓子一定练出来了，将来可以去唱歌。你的喊有什么效果吗？"他说没有效果，妈妈只会恶狠狠地回一句："别喊了，喊也没用，快写作业去！"

聊起这件事情，我就乐了，为什么呢？因为这种事情我小时候也干过，我妈妈的回答和他妈妈一模一样！但是，我小时候没有这个小男孩这么有天赋，能想到用绑匪绑票去比喻自己的学习，我只是大声地喊，就像是在被绑架之后喊救命一样。

"喊也没用"，这个男孩的妈妈讲的其实是有道理的，我希望各位同学不要等到10余年、20余年之后才想明白这件事情。如果你也觉得你的学习就像小男孩所说的一样，被痛苦绑架了，被父母绑架了，被学校绑架了，被所有的不幸绑架了，那么此刻，我希望大家都不要喊了，我们应该思考的是如何从"绑匪"的手里脱身，这才是最重要的事情！

下面，我们就来认识一下那些在你学习的过程中把你的快乐绑架走的"绑匪"们。

首先，第一个出场的"绑匪"叫作学习，它是我们的一种主观想法，我们学习的痛苦来自我们的想法。大家可以这样想一下，我们正常地去上学、写作业，学习既没打你，也没骂你，那为什么在学习的过程中，你不开心，甚至是痛苦、无聊呢？我不知道这样讲你是否能理解学习的这种感觉，它不像是你的胳膊上被划了一道口子，你的腿上或屁股上被仙人掌的刺给刺了一下，它不是来自你肉体的痛苦，它是来自你的想法。

我在很小的时候也被学习给吓过，"学习得吃苦""学习是一件苦差事"，类似这样的话我们都听过。我们从小被灌输了太多"头悬梁，锥刺股"这样的信息，同时，我们也听过"梅花香自苦寒来"，我们若想"绽放"，就要

以成长为目标的人生：献给亲爱的孩子

靠寒窗苦读来实现。其中，最让我几近崩溃的是"学海无涯苦作舟"这句话，我当时就在想，天哪，学习没边儿没沿儿，永远也走不到头，而且还是"苦作舟"，并且我还被告知"不吃苦中苦，难为人上人"，也就是说，我需要比别人更努力才行。学习很苦，这是我从小对学习的想法。

那这个苦究竟是从哪里来的呢？我们可以观察一下成年人的表情，每当一提到学习，好多成年人的脸就变成了"苦菜花"，眉头紧皱，学习的整个苦就好像写在了脸上，因为我们都是被这样教育过来的，我们自然就有了一种想法——学习是苦的。它会变成一个源头，导致我们一系列的学习活动都是苦的。

同学们总说学习是苦的，那你有想过学习为什么是苦的吗？有的人说自己体验过这种苦，那有没有人体验过这种快乐呢？我认为我们身边即使有体验过学习的快乐的人，我们似乎也会对他视而不见，因为我们一开始就认为学习是苦的，大脑中一想到学习就会产生无限的想象，就如同小男孩讲的那样，我们被"绑匪"绑架了！而且，这是一个穷凶极恶的"绑匪"，我们就这样被绑着，只要我们不想学习，那个"绑匪"就会用各种招数折磨我们，让我们不敢想，一想就想哭……这样的结果会导致很多同学的想法变得有问题，使学习的目的变得不再单纯，使学习的过程无法获得快乐。

有一次，我到河南新乡给父母们讲课，谈到了一段有关学习目的的事情。我告诉他们，我在给很多大学生上课的时候曾做过一个调查，发现很多学生努力学习就是为了能考上大学，为了有一天能够不用学习。会场的外面有一个四年级的小男孩在写作业，结果他听到之后就跑了进去，说自己有话要说，于是我就让他说两句。"老师，我就是这么想的，我努力学习的目的就是为了有一天不用再学习！"这个小男孩的声音非常洪亮。我说："天哪，这是从小就被'学习是苦的'的想法给害的。"大家想一下，如果你努力学习的目的就是为了有一天不用学习，那你这么多年的学习多难熬啊！忽然我十分心疼这个孩子。

这是我们民族关于"学习是痛苦的还是快乐的"的一种认知，然而有一个民族是和我们不一样的，那就是犹太民族。犹太民族是全世界读书量最多的一个民族，也是人均读书量最多的一个民族，那么他们为什么要读这么多书呢？因为他们热爱读书、热爱学习。那么，他们又为什么热爱学习呢？

事情是这样的：他们从小被领进学校的时候，大人们会用蜂蜜将他们的名字写在书上，然后让他们用舌头去舔，当孩子们舔完的时候，老师和家长会问他们那是什么感觉，这些犹太孩子会咧着嘴笑，然后说是甜的。大人们就会把书打开，然后告诉孩子："你马上就要接受知识了，你马上就要学习了，这里边都是甜的，知识是甜蜜的。"所以这些孩子从小就不知道"梅花香自苦寒来"这些道理，他们只知道知识是甜的，他们一学习就做好了吃蜜的准备，而我们一学习就做好了吃苦的准备。

如果你有那么一点点的思辨能力，请想一想，对于这两种想法，哪一种会让你更愿意去读书呢？哪一种会让你更愿意去学习呢？一个吃蜜，一个吃苦，它会注定让你有不同的学习目的和导向，有不同的学习感受。

所以，如果你想要摆脱这个"绑匪"，就必须要正本清源，你不妨在写作业的时候，拿一罐蜂蜜放在书桌前，如果你的脑袋里有不好的想法跳出来影响你、干扰你、误导你，你就挖一小勺蜂蜜舔一舔，并告诉自己"学习是甜的"！我们必须从脑袋里边把原有的错误想法给根除了。所以，这就是我教给大家对付第一个"绑匪"的办法。

现在，我们再来了解一下第二个影响你学习感受的"绑匪"。

在我看来，学习就是一种普通的人类行为，无所谓苦、乐，苦、乐就是一种选择。

这里，我想给大家做个比喻：

假如有一群外星人想要研究人类，他们认为应该从人类的行为开始研究。于是他们看到人类的小孩背着书包，走进学校，在那里坐着，眼睛盯着一个大人在给他讲课，之后又看到这个小孩回到家把书打开，在那儿写作业。他们看着孩子这一系列的行为，疑惑了：他在干吗呢？

其实外星人看到的只是一种普通的人类行为，他们看我们的学习行为其实和看我们吃饭、喝水、走路都没有任何区别。从外星人的视角来看，如果你告诉他们学习、写作业的行为是痛苦的，那外星人肯定会同时去研究人类吃饭痛苦不痛苦、喝水痛苦不痛苦、走路痛苦不痛苦，只因为他们把所有的一切都当作是普通的人类行为来研究，无所谓苦与乐。如果外星人知道了人类行为里有苦与乐，他们可能就会开展一系列关于人类行为的研究：为什么会痛苦？为什么会快乐？

当然，外星人的比喻只是便于大家从另一个视角跳出来观察和思考。

我接触过一个六年级的男孩，他来到我的办公室找我聊天，其中他的一句话把我吓了一跳。他在和我谈学习感受的时候，他解释，如果人的学习感受是痛苦的，那么就同时证明了人的学习感受也可以是快乐的；如果人的学习感受是快乐的，那么同时证明了人的学习感受可以是痛苦的。

他的话确实有震惊到我，因为这是六年级的男孩所说的。他说他喜欢思考，他说我们一开始就没有快乐不快乐、痛苦不痛苦之说，人的感受是可以塑造的，既可以塑造成痛苦的，也可以塑造成快乐的。我想如果外星人来研究我们的人类行为，他们一定会顺着这个思路去研究，因为这个思路是正确的。

若问你喘气是痛苦的还是快乐的，答案是只要你没有生理疾病，在正常呼吸的情况下，你就不会在喘息的时候感受到痛苦。但如果是外星人来做这个研究的话，他们又会怎么做呢？我们人类有呼气，有吸气，这是呼吸的两个过程。那么，外星人就会抓一个人类的小孩做实验，让他吸气，然后拿针刺他，刺中他的肉体，让他产生痛苦，当他呼气的时候，什么也不做，反复操作，然后外星人通过这样的实验可能会看到另一种现象：即使不再用针刺向小孩，没有让他的肉体产生痛苦，他一吸气也会肌肉紧张，害怕吸气；而在呼气的时候，他是放松的，没有丝毫的紧张。最严重的可能是，外星人把他放在一个安静舒服的环境，什么也不做，只是静静地看着他，也会让他感受到吸气的紧张和痛苦。

从这个视角，就能看出学习真的就是一种普通的人类行为，无所谓痛苦和快乐。在学习过程中，我们痛苦的想法的来源其实就是：一、我们被灌输过学习是痛苦的想法；二、在我们进行学习的时候，我们就像被外星人刺过一样，一想到学习，就会让我们产生痛苦的神经连接，从而让我们误以为学习是痛苦的。

那如何解决这个问题呢？在这里我想给大家一个建议，那就是试着与知识做朋友，把知识本身当成你的玩伴。在学习的世界里，知识就是你的朋友，不要把人当成知识，因为很多时候学习的痛苦都是人带来的，而不是学习本身带来的。请相信，这些痛苦的体验绝对不是知识本身带给我们的。

如果我们绕过人，直接与知识做朋友，那么就会少了很多中间的评判。我们在上学的时候喜欢某个老师，进而就会爱屋及乌喜欢上这门学科；我们不喜欢这个老师，我们在学这门学科的时候就会感到痛苦。请明白，不是这门学科让你感到痛苦，而是教这门学科的人或是身边逼迫你学习的人让你感到痛苦了，从而让我们误以为学习是痛苦的。

学习是通往知识的大门，是和知识进行交流的一个过程。大家可以想象一下，你有一个玩伴就是知识本身，你可以直接与它做朋友，直接和它做交流。在我儿子很小的时候，我就给他打过这个预防针，因为我担心有一天他会和我一样，经历和面对学习的苦难。我对他说："如果你想爱上学习，那么必须要爱上知识本身，而不是某一个人。"我仍然记得，我儿子当时很天真地问我："老师不就是知识吗？"大家想一下，老师是知识吗？当然不是，老师只是知识的传承者。

我告诉我儿子，一定要尊敬所有的老师。他不解地问："为什么？这样老师就不会批评我了吗？"其实他不知道，批评与否只是一个副产品。为了便于将知识更好地传承，老师们用了很多年的时间来学习某个学科的知识，我们要尊敬老师，更要尊敬老师背后的知识。

我儿子又问我："那我给老师背课文，是不是就是给知识背课文？我给老师鞠躬，是不是就是给知识鞠躬？我给老师敬礼，是不是就是给知识敬礼？"我对他讲："如果你真是这样想的，那爸爸就放心了。在学习的这条路上，这辈子都没有人折磨你了，为什么呢？因为你是直接和知识鞠躬的。"

如果你同意我的说法，那你就不妨行动起来，试着直接去敬重知识，把知识当成你的朋友。如果你在家里，那你就给父母鞠个躬，为什么呢？因为父母有知识，你是在给知识鞠躬；如果你在学校，你就给老师鞠躬，因为老师有知识。你要想着感谢这些老师，是他们让你拥抱了真理，认识了这些名为"知识"的新朋友。

有一次我做家访，一个上初中的学生在听完我的这段分享后，他忽然站起来把他的书放到桌子上，然后毕恭毕敬地给他的课本鞠了个躬，并说："感谢你们，你们承载了这么多的知识，承载了这么多美好的事物。"然后他又转身向我鞠了个躬，并对我表示感谢。我对他讲："我知道了，我替知识收下你这份敬意了，我也谢谢你，让我抱抱你吧！"于是，他就跑过来和我拥抱，之后他说了一句话让我为他感到非常高兴，那就是"拥抱知识的感觉真好"。

在为他感到高兴之余，我的心里也酸酸的，因为我告诉了他拥抱的是知识，但我作为一个人也想让他来拥抱我一下，于是我说："第一次你拥抱的是知识，第二次也来抱抱我吧。我和你聊了这么久，还启发了你，你说我这个人可爱不？"然后这个孩子便使劲地抱了我。

当我们这样去尝试的时候，我们就发现会有很多好的老师、好的父母给我们带来了好的知识和体验。但是万一哪个人伤害了你，这个时候你一定要把我教给你的绝招用出来：当你心平气和、没有情绪的时候，你就去给他们鞠个躬，如果你不敢走到他们的面前，你就在家里对着课本鞠个躬，你告诉自己，你敬重知识本身！无论是谁给你造

以成长为目标的人生：献给亲爱的孩子

成了什么样的学习痛苦，你都大可不用去面对他，我们不要在别人的身上耗费太多的精力和情绪，从而形成对知识的偏见，我们应该去拥抱知识。

接下来让我们谈一谈最后一个让我们的学习产生痛苦的"绑匪"，那就是我们学习过程中认知活动的不完整。

我们整个学习就是一个认知活动，很多时候我们只是完成了一半，另一半却没有完成，这往往会给我们造成巨大的痛苦。我们先给一个人鞠一躬吧，这个人叫裴斯泰洛齐，他发现了人的认知活动有两个过程：第一个过程是刺激；第二个过程是反应。

例如，小时候你在玩耍时，扑通一声摔了一跤，那之后呢？你就会有刺激了，这种刺激就是疼，它所产生的反应就是有些孩子会捂着碰到的地方咧着嘴，甚至哭两嗓子，一边哭一边喊着爸爸、妈妈。

如果现在你摔了一跤，但是不让你哭，而是要求你假装平静，这时你就会产生更为巨大的痛苦。所以说，你有任何的刺激产生、信息输入，你就必须要有输出。例如，老师在讲台上给我们讲课，是一个信息输入和刺激的过程，只完成了认知活动的一半，之后上了一天的课，我们被刺激完了。但我们往往会忽略一个问题，那就是写作业，我们常常把写作业当成是老师布置的作业，当成一个任务去完成，把它当成苦差事。殊不知其实写作业就是一个信息输出的过程，老师已经刺激过你了，那么此刻你这边就需要做出反应。我们需要做的就是把写作业当成是认知活动的另一半，当成是信息输出的过程，而不是把它当成一个需要批量完成的任务去对待。

我知道现在很多初中生的作业量特别大，我儿子也是每天都要写作业，他要写到 11 点，有时候写到 12 点。我看着孩子那么大的作业量，有时候就和他开玩笑地说："宝贝儿，你看看哪些东西是需要抄的，我能帮你抄一会儿吗？"他很不解。我说："我蛮心疼你的。"他就扭头看着我说了句："我也蛮心疼你的。"我便疑惑了，心疼我干什么呀？他继续说道："我正在输出呢！你想憋死我呀。"听完我就乐了，因为从小我就给他讲过这件事情，他知道，如果你想要剥夺他写作业的权利，你就相当于让他痛苦，让他憋着。如果你从小不知道这个事实，你可能就会认为别人帮你写作业是一件很好的事情。

还有一位大教育家叫杜威，他把裴斯泰洛齐的认知过程放进了教育的领域，提出来了一套叫作"没有建构就没有教育"的理念，意思是说教育是一个信息输入的过程，而建构是在信息输入完成之后信息输出的一个过程。我们最大的问题是把写作业这一块儿信息输出的主阵地当成了

以成长为目标的人生：献给亲爱的孩子

一件服苦役的事情，当成了一项任务，所以它就并不是一个建构，并不是一个完整的信息输出，这个认知过程没有完成，然后第二天我们又进行教育的信息输入，但是作业输出像服苦役一样无法真正输出。

如果现在的你能够明白，那你就把写作业当成一个输出的过程，当成一个建构的过程，然后第二天再进行输入，回家之后继续进行充分的信息输出，当然这些都必须是你在感受层面是主动的。接着你就会发现过不了多久，我们的学习就会进入一个乐此不疲的状态，你每天会渴望到学校去上课，上完课后你又会怀着渴望的心情回到家中进行建构，进行信息输出，这样一个认知活动的完整体验会让你体验到学习的无限快乐和魅力，最后进入一个良性的学习循环中，但前提是你愿意这样去体验一下。

之后当有人再次向你讲学习是痛苦的时候，你就可以问他："学习痛苦吗？我怎么不知道这个事儿。"只因为你的真实感受是乐此不疲。

这是我用多年去体会、思考和研究出来的。我见了很多的孩子，始终苦着自己的苦，我便努力地尝试把这个事情给想明白，也做明白。

从我的体验，从我孩子的体验，从我接触这么多的孩子身上的体验，我可以很负责任地告诉大家，如果你真的想要找到快乐学习的秘诀，那么就不妨试一试我的方法。
只要你真的想要解决这个问题，你有足够的勇气去尝试一
种新的学习体验和感受，并且能坚持足够长的时间，那么
方法便一定是有效的，你会发现你能在学习的道路上找到
一种别有洞天的感觉！

以成长为目标的人生：献给亲爱的孩子

第四章

我们为什么要上学

希望同学们可以想象一下"如果你不上学会失去什么",而不是"你上学会得到些什么",在这样一个宏观的视野下审视自己,看看自己所处的时代,也看一下自己的父母,想想他们为什么那么渴望我们能好好学习。

我们为什么要上学？关于这个问题，有很多孩子都曾问过我，还有一个孩子说他曾经诅咒过上学。说实话，这个问题我在学生时代也思考过很多遍。我们为什么要上学？我们为什么非得上学？我想如果到 40 岁再来看这个问题，我对我的学生时代一定会有一个交代，会有一个思考。

　　我很想就这个问题能有机会到学校里做一个调查问卷，听一听小学生、中学生，甚至大学生会怎样回答这个问题，看一看有多少孩子边上学边清楚地知道自己为什么要上学。

　　对于这个问题的思考，我记得应该是在上小学的时候，起因是我看到了这样一幕：

　　我们隔壁邻居家有一个姐姐，当时她上高中，有一天，她的爸爸告诉她供不起她读书了，然后那个姐姐就哀求她的爸爸，说她想继续上学。我们两家就隔着一道墙，我从那道墙翻过去，连大门都不用走，我就站在那里，看着那个姐姐哀求她的爸爸，说："让我继续上学吧！"直到今天我都一直记着这句话，因为那个姐姐反反复复地重复着这一句话，我那时候就在心里想：为什么要上学呢？上学有什么好的？还不如不求他呢！我想了一会儿，然后在心里暗暗地发了一个誓——等我长大有钱了，我一定供这个姐姐读书！我想那个姐姐一定更了解为什么要上学，因为她在那个年龄没有机会上学了。

我们村子里还有另外两个男孩，我想他们也更清楚人为什么要上学。这两个男孩是我们村子里讨论最多的关于上学的两个对象，因为他们的爸爸希望这两个孩子不要上学了，但最要命的是这两个孩子的学习成绩特别好，他们考上了初中，又考上了高中，然而他们的爸爸每天都在算，什么时候高考，每天都在劝他们："你们学习别这么玩儿命，我是不会让你们参加高考的！"他们很不高兴，问为什么不让他们参加高考。爸爸讲得也很有道理，说家里就他们两个男孩，如果他们参加高考后离开家去上大学了，家里的地谁来种呢？两个孩子便说："我们不要种地，如果我们考上大学了，我们会挣很多钱，然后把您接出去，我们到大城市去住。"

但他们的爸爸当时却不是这样算账的，他说："你们考上大学了，那我还要供你们上大学，你们还得吃，还得穿，你们给家里创造不了一点儿效益，而且，我一天天老去，家里边的地没人种，地荒了怎么办呢？"这个爸爸想不通他们为什么要上学，为什么非要参加高考，所以这个爸爸在高考来临之前，把这两个孩子锁了起来，不允许他们参加高考。

不过这两个孩子从家里跑了出来，偷偷参加了高考，并且两个人都考上了大学，再后来哥哥在加拿大工作，弟弟在北京工作……

我想这两个男孩可能比任何人都清楚为什么要上学。后来，据说他们想把爸爸接走，让爸爸跟他们一起生活，爸爸却拒绝他们说："我走了，家里的地怎么办？谁来种？这是我们祖祖辈辈留下来的产业，可怎么办呢！"

当很多孩子问我"为什么要上学"这个问题的时候，我的脑袋里就会经常出现这两个场景：一个哀求她爸爸继续为她付学费让她去上学的姐姐；一对从家里面逃出来去考大学的哥哥。这两个场景重叠到一起，经常在我眼前晃呀晃的。

我教的孩子中有小学生、中学生，他们经常会说："条条大路通罗马，为什么一定要上学呢？上学又有什么用呢？有很多上过学的人考上本科，考上研究生，也依然不好就业，找不到工作。""我没必要去上学，我们家里边的经济条件已经足够好了，我将来不用上学也是个富二代；我不用上学，我的父母也会给我安排好后面的一切生活。"我每次听到有孩子说这些的时候，我就在想我应该怎样去告诉他们关于"我们为什么要上学"这个问题。

如果现在的你心中也有这样一个疑问，那么我建议你换一个方向来思考。假如我们从一出生便注定是不可以上学的，当你懂事的时候问父母这是为什么，然后父母告诉你，之所以我们不能上学，是因为我们出身不同，我们这个阶层是注定不可以学习的，我们的命运是不能通过知识去改变的。于是我们不得不去另寻他路，我们只能遵循别人的吩咐，然后干苦力，多挣点儿钱去养家糊口。这时你会怎么想呢？

再或者你正在小学、中学，甚至是大学的课堂上读书，然后老师走进教室把你叫出来说有话对你说，你跟着老师出去之后，你发现老师似乎是用一种很同情的眼神看着你说："孩子，非常抱歉，老师现在告诉你，你可以收拾一下书包回家了。"你充满困惑地问着为什么，老师说你按照规定是不可以上学的，你必须得回家了。

我想肯定有很多学生会问："为什么，为什么他们可以留在教室，而我们不可以上学？"但如果老师告诉你，你被剥夺了上学的权利，你没有资格上大学，学校不是你该来的地方，你回家吧……我曾无数次体会过这样的场景，现在我也想请大家想象和体会一下这样的场景。我曾经也是那么的不喜欢上学，小时候我也哀求过我的妈妈不要让我去上学了，让我回家吧。我的妈妈就问我如果不上学，我回家能干什么。我说我想在家玩儿。但如果不是这样的，而是被老师叫出来要求不能来上学，说我没有这个权利，学知识和我没有关系，我想我会无比的愤怒和绝望。

就像我在前面提到的那个姐姐一样，当我们每一天都在上学，享受着某一种权利的时候，那我们可能就不知道那些东西对我们意味着什么。我们什么时候能够知道呢？那就是我们失去它的时候，我们再也没有机会去上学，就像那两个哥哥一样被告知不可以考大学，这一辈子注定只能当农民，不能再去参加高考。

所以我提议各位同学认真想想，当你被告知你是不可以去上学的时候，你究竟失去了什么？我们也许能够很清楚地认识到我们现在拥有着什么，我们手里有什么样的权利，我们又可以选择成为什么。

我们没办法选择什么时候出生，没办法选择我们出生在哪个国家、拥有什么肤色，没办法选择父母，也没办法选择基因和长相，甚至有人告诉你，你一出生就注定如此……太多的事情都没办法选择。

正是因为这样，我从骨子里感谢我有上学的机会，我至少还可以去上学，去选择改变一些什么，这似乎是属于为数不多的能够通过自己的努力去选择的机会，这对我的人生来说，是一次意义非凡的机会，这是我可以去把控的机会。我想来想去，好像我能把控的东西并不多。

平民教育家晏阳初，一生致力于对普通的老百姓、对

以成长为目标的人生：献给亲爱的孩子

那些没有意识去学习的人进行教育，他的目的是什么呢？他是想通过让普通人接受教育，让普通人有机会学习，从而根除贫、愚、弱、私四大病。

第一个病就是贫穷。很多学生可能会说："杨老师，我不贫穷，我会从父母那里继承足够多的财富。"如果你是这样认为的话，那我只能告诉你，如果仅仅是从父母的手里继承了一笔财产，那么你需要明白这些东西迟早不是你的，为什么呢？也许在我们这样的年龄还不太好理解，不过可以想一下，如果把财富比喻成金庸小说里面的打狗棒，而自己本身是乞丐，后来妈妈当了丐帮帮主，她的手里面拥有着一根象征着财富和权力的打狗棒，如今，她要把这个打狗棒传递给你，那么你觉得你能守护好这个打狗棒吗？丐帮帮主要传打狗棒，会通过一轮又一轮的比试选出武功高强又有智慧的人，为什么要经过这样残酷的比赛呢？因为只有这样，这根打狗棒才能被守护好，并且很好地传下去。

如果没文化、没能力、没知识，给我们很多的财富，我们没有能力守护好，没有智慧使用它，丢掉它将是迟早的事情，你还很可能受其所害。如果没有机会上学，大脑里没有智慧，没有力量，那么从某种角度上说，拥有再多的钱也依旧是贫穷的。

第二个病是愚昧。思想愚昧，没有智慧。

第三个病是软弱。你没有勇气和力量去面对来自生活中各种各样的问题。

第四个病是自私。孤独和恐惧往往会让没有智慧的人变得自私。

晏阳初将我们很复杂的汉字进行了简化，让它们变得更容易读、更容易写。他和爱因斯坦、杜威等人被评为20世纪最具贡献的十大伟人，后来美国的里根总统为他颁发了一个叫作"终止饥饿终身成就奖"的奖，之所以他会获得这么高的奖项，是因为他让普通的老百姓接受了教育，他真的让很多人通过学习从而根除了四大病，当时和他一起做这件事的还有毛泽东。

我不是劝同学们一定要上学或不上学，我只是把这样的一个事实、一点感想呈现给大家。接下来，我们不妨再换一个角度来看一看我们为什么要上学。

当时在河南新乡，有很多爸爸组成了一个爸爸团，他们讨论中国经济转型的问题。其中有一个爸爸在银行工作，这个爸爸谈到了一件事情，他说在新乡延津这个地方，也就是他当时所处的一个区域，如果一个企业的知识含量、科技含量、创新能力无法增强，只能依靠劳力、依靠消耗资源、依靠粗加工生存，银行就会被告知不再对这个企业进行贷款，不允许扶持他们，那么这些粗加工、知识含量不强的企业就会结束他们的使命。国家不再救助这些企业，正如"晚死不如早死"这样一句话所言，他们的使命就这样结束了。

他们谈论这个话题时，忽然想到了孩子们，爸爸们说："我们的孩子不容易啊，他们所处的时代不同了，如果在经济转型之前，即使没知识、没文化，还能够靠胆大、机智抓住某个机遇，从而立足于社会，能够出人头地，而现在中国经济的转型意味着未来的社会对人的要求变了，企业也就会越来越不需要那些没知识、没文化的人，我们的孩子面临着空前的竞争……"

爸爸们交谈着，感觉特别的沉重，他们作为父母，面临了一个前所未有的只能靠知识、靠学习去谋生和立足的一个时代，让他们感觉更沉重的是他们的子女正面临着这样的竞争！

这些爸爸们既为自己的孩子感到庆幸，庆幸他们赶上了一个伟大的时代，又为自己的孩子感到心疼，心疼孩子们的学习压力太大！

未来的社会对人才的定义变了，这是他们聊到的一个话题，而第二个话题就是资本的全球化流动。其中，有一个爸爸谈到他们做的数控机床是和日本人合作的，其中有一台数控机床价值 100 多万元，我们曾到那位爸爸的厂子里参观过，那台数控机床是从日本进口的，那个爸爸向我们介绍道："你们看，这些粗加工的程序都在我们这里完成，那么我们完成之后呢？就是要把那些粗加工好的机床运到日本，由日本把知识含量、科技含量比较高的那部分程序给完成。用我们的劳力、我们的资源把粗加工的机床做好，付给我们 10 万元或 20 万元。等他们把技术含量高的那一部分程序完成后，他们又把这个机床以 100 多万元的价格卖给中国及世界各地。整个财富都在流动，如果我们做不出来知识含量、科技含量比较高的东西，那我们费尽力气造出来的东西，人家只需装个程序，我们的 80 多万元就流到别处去了。"

河南新乡的这个爸爸团讨论了这个问题，并提出了一个很好的解释，就是我们作为父母为什么要学习？我们的孩子为什么要上学？他们在谈论的时候，感到了深深的忧虑。

我真的不知道大家上学是否一定能得到什么，但我知道不上学你一定会失去些什么！我希望各位同学在这样一个年龄可以去思考一下"如果你不去上学，你将会失去什么"，而不是"你上学了，你会得到些什么"。请你在宏观的视野下审视自己，认清自己所处的时代，也理解一下自己的父母，他们为什么在这样的一个年龄那么渴望我们好好学习。

最后，我想推荐给各位同学一本名字叫作《我们为什么要上学》的书，作者是布克尔·华盛顿。我相信等到大家把这本书看完，大家就会对"我们为什么要上学"这个问题有更清晰、更明确的答案。

我们为什么要上学？我想这个问题是上学过程中一定要去面对、一定要去想明白的一个问题。

当你的思考越来越清晰的时候，你的心中就会有一个独属于你的答案。从走进校园的那一刻起到我们的学生生涯结束，这是一个非常美妙的过程，一个非常有意义的过程！

第五章

我有一个梦想

梦想不单单是为了实现而存在，它是为你而存在。你会因为你的梦想而变得伟大，变得有意义。它是属于你的。

"你有梦想吗？"这是我经常问自己，也是经常问同学们的一个问题。那么，大家不妨想一下，你有梦想吗？你的梦想是什么？

大概在四五年前，我和很多父母及孩子在林州太行山的一个峡谷里待了两天两夜，有一晚我向大家抛出了"你有梦想吗"这个话题，很多孩子便开始谈论自己的梦想。

其中有一个孩子令我印象特别深，他在台上想了很久，然后说自己好像没有什么梦想，台下的好多父母和孩子就给他鼓掌，让他大胆地说出自己的梦想！那个孩子又想了很久，结果还是很沮丧地说他好像真的没有什么梦想，然后我就上去抱了抱他，我对他讲："如果没有梦想，你不妨给自己造一个梦，为什么不呢？"

从林州的大山里回来后，那个孩子第二天就联系我说："杨老师，我想见一见你。"于是，我就让他到我的办公室和我聊一聊，因为我对这个孩子的印象实在是太深刻了，他没有自己的梦想，他当时是那么的沮丧。他来之后就问我："杨老师，我可以有梦想吗？我可以把我的梦想告诉你吗？"我很高兴，鼓励他说："太好了！每个人都有拥有梦想的权利，你可以有自己的梦想。"

这个孩子就坐在那里，他对我说他的梦想是能考上大学。说实话，我当时听到这个梦想还蛮吃惊的，我便问他

以成长为目标的人生：献给亲爱的孩子

为什么是这样一个梦想呢，他和我这样说道："其实我在学校里、在同学眼里、在老师眼里、在很多人眼里就是一个不好的存在，我不配拥有梦想，像我这样的人，是不敢奢望能考上大学的。上一次在大山里，你让我们谈自己的梦想时，我就在怀疑自己，我觉得像我这样的人，怎么配有梦想呢！"这个孩子在讲这些的时候我特别地心疼他，我就在那里静静地听他讲，听他讲他的家庭，听他讲他经历过的很多事情，听他讲老师是怎么评价他的，同学是怎么评价他的，他又是怎么评价自己的。

这个孩子说从林州回来之后他也想拥有一个梦想，因为他已经好多年不敢有梦想了，他说每当看到别人在谈论自己的梦想时，他就特别羡慕。他想考大学，他问我他的这个梦想我怎么看，我当时就对他讲："你值得拥有它！"我依然清楚地记得我回答他这句话的时候他的眼泪都掉下来了，而我也被他的梦想感动了，我特别感谢他能把他的梦想告诉我。

孩子又说："可是我的成绩现在是倒数，很多人也都不喜欢我，我在学校里还打架，我在所有人眼里都是一无是处的。"我非常坚定地告诉他："我知道，可是你还是值得拥有梦想！"

他又问我他的梦想能实现吗，我便对这个孩子说：

"人的梦想，真正的价值不是为了实现而存在的。"他不解地问道："那是为什么而存在的？如果我不能实现它，那我拥有它又有什么用呢？"我对他讲："它只为你而存在，你会因为你的梦想而变得伟大，变得有意义，它是属于你的。"

后来那个孩子考上大学的时候，给我打了好几个电话，他很兴奋地告诉我："杨老师，我真的考上大学了，非常非常感谢您当时愿意相信我的梦想，也非常感谢您让我拥有了梦想，让我觉得我是值得拥有梦想的。我现在终于理解那句话了，您说梦想不是为了实现而存在的，它是为了我而存在的，它让那个时候的我不再孤独、彷徨、犹豫，它让我变得更加有力量，变得更加自信了，它让我在寒冷的时候感到温暖，它真的就像是一束光，指引我继续前行。杨老师，我真的特别感谢您！"听完他的这一番话，我的心里也十分激动，为每一个有梦想的人而感动。

我不知道怎么和大家去解释什么是梦想，因为它可能在每一个人的心里都有不同的定义。

我记得我在体校上初中的时候，每天早上5点多起来训练，当时我在姑妈家住，从姑妈家跑到学校有一段距离，每次跑的时候都会经过一个小区，小区里有一扇窗户刚好在那个时间点，里面的灯会亮着，我每次从那里跑过去的时候都会看着那扇窗户，心里想着有一天如果我也能住到这样一座房子里，我一定把那盏灯留着。也许会有一个跟我一样的少年会从我的窗户底下路过，当他在这个时间点，这么冷的凌晨看到一扇窗户里有这么一束光时，我想他整个人的心灵都是温暖的。那么冷的天气里面，他有一个梦，这个梦让他感到暖和。如果我长大了，我一定要买一栋像这样的临街的房子，窗户朝着马路，我让我的父母住进去，他们可以香甜地睡着，而我一定要把那盏灯留着。

因此在我的潜意识里面，永远有一座属于自己的并且给别人留一盏灯的房子，这盏灯让那些在黑夜中的人不再害怕，让那些在寒冷中的人感到温暖，我觉得这就是我潜意识里面的梦想。我总是想留一束光给别人，就像我曾被那束光温暖着一样，这个梦想反反复复地在我脑袋里面出现，一直到今天。

后来我的恩师董进宇博士说他的梦想是想让2亿中国家庭结束打骂孩子的历史，这是一个特别伟大的梦想，而我当时想到的仍是那扇窗户里投射出来的那一束温暖的光。

董进宇博士为了这个梦想努力了20年，每一天他都在为这个梦想而努力，我追随董进宇博士为了我的梦想努力了 12 年，我多么渴望能看到这个梦想实现。也许董进宇博士和我都看不见，但我希望我把那扇窗留着，让更多的人能看到那扇窗里边的光，能看到希望，能在寒夜里不再害怕，继续奔跑！

所以，每一个人其实都有做梦的权利，都可以有梦想，也都值得拥有梦想。如果我们失去了梦想会怎么样呢？我会想象出这样一个场景，也许在这样一个极端的场景里可以感受到我们梦想的可贵。

假如你走在茫茫的沙漠里，又渴又饿又疲惫，你特别想能够找到一片绿洲或是沙漠里的人家，再或者遇到一个驼队，你梦想着你马上就能有水喝了，你会不断地往前走，往前去寻找，这个信念会支撑着你勇敢地去寻找绿洲。它会让你在精疲力竭的时候，继续多往前走 5 千米；它会让你在又渴又饿的时候，能够忍受这种饥渴继续往前走；它会让你比别人有更多活下去的概率；它会增加你梦想实现的概率。

如果你能想象那样一种极端的环境，也许就能更好地去理解梦想的可贵，它是你每一个毛孔、每一个细胞，是你的灵魂对生存的渴望，是一种求生的本能。

如果失去它，会怎么样呢？我们也许会更早地结束自己的生命，可能会再也无法往前走，就那样躺在沙漠里，

以成长为目标的人生：献给亲爱的孩子

被太阳炙烤着，等待着死亡的降临……所以，各位同学，请记住，梦想未必是为了实现而存在的，它是为了你而存在的，它只为你。我们不要去轻易地丢掉梦想，更不要轻易地去否定、怀疑自己。

我在高中三年级那一年成绩排名全校倒数第一，当时的班主任鼓励我要拥有一个梦想，我的爷爷也鼓励我，说我应该有一个梦想，可我当时想的是一个全校倒数第一名的学生，能做什么梦呢？我爷爷对我说："你把考大学当成一个梦吧，你要是能考上大专，爷爷在村子里给你放一场电影。"

那个时候考个大学多难啊，本科考不上，就算是个专科，能考上的也是凤毛麟角，我能考上吗？我不禁开始自我怀疑。我爷爷就说："我们等着看你的电影，到时候全村子的人，还有十里八村的人都会过来，都会来看你的电影。"我跟班主任老师讲，我说我也特别想看这场电影，特别想邀请所有人来看我的电影，大家心里都会想着——这家有个孩子考上大学了。

我想象着有专科院校录取了我，我的父母、爷爷、奶奶该多高兴啊！那个场面得多热闹啊！大家就在村子的大街上高兴地看电影……我问班主任："我也特别想有那么一天，可是它可能实现吗？"班主任老师说："万一实现了呢？"我看到班主任老师无比笃定的眼神，那一刻我觉得他是认可我的！

有一次我们在宿舍闲聊，也不知道聊到了哪个话题，我就把我的梦想给说了出来，我当时说的是那么津津有味，好像它已经实现了一样，我说我一定能考上大学，但是我们宿舍里的8个人中有4个人都觉得我在吹牛，还有3个人保持沉默。他们的那种眼神、那种言语、那种不屑深深地刺伤了我，我再次怀疑自己，我真的能实现这个梦想吗？我特别特别地难过。

后来我就跟班主任老师讲，我说他们说我吹牛，老师就问我谁说我吹牛了，我就说了那4个室友的名字，还和他说另外3个人没说话，他们在心底里嘲笑我。我的班主任老师当时这样对我说："吹牛和梦想是有区别的，吹牛是一边谈论自己的梦想一边又不相信它，给别人说时，自己压根儿也就不信的梦想，那只是空谈妄想。"他又说："问题的关键是你要考大专，你要你爷爷在村子里给你放电影这件事，你信吗？"

那个时候我才知道所谓梦想，由梦和想构成，而梦和想真的是有距离的，其中的关键就在于我们自己是否相信。

后来，大学录取通知书寄来的时候，我们家真的放了

以成长为目标的人生：献给亲爱的孩子

一场电影，所有人都非常开心。我当时拿到的是一张大学本科录取通知书，我就在想怎么就实现了呢，我所有的同学几乎都不敢相信自己的眼睛，也不敢相信自己的耳朵，他们都觉得是弄错了，就连我们食堂做饭的阿姨都在质疑考上大学的是不是我。

说实话，当时的我也不敢相信，我的父母、爷爷、奶奶也不相信，甚至连我的班主任老师也觉得难以置信。当我看着爷爷为我放的那场电影的时候，我虽然热泪盈眶，但我还是不相信，我不禁问自己："它是怎么实现的呢？它怎么就实现了呢？"

如今，我站在我这个年龄再来回忆这一段往事，我就知道我为什么特别在乎小学生、中学生、大学生他们拥有梦想了，因为我觉得像我这样全校倒数第一名的人都能考上大学，那么每一个人都可以，因为我们都会做一件很简单的事情——给自己造一个梦，然后坚信它能实现，那么我们就有机会看到一个有梦想的人所创造的各种各样的惊喜和奇迹。

有一次，我在北京听董进宇博士给中学生上二级训练营课，讲完后我才知道人类的行为受四个因素的影响，第一个因素是梦想，第二个因素是信念，第三个因素是环境，第四个因素是习惯。这四个因素深深地影响和牵动着人的行为。我也是后来才知道有人因为做梦、因为有梦想并且相信和坚持自己的梦想而获得诺贝尔和平奖，而这个人很多同学可能听说过，他就是马丁·路德金，他在1963 年曾经有过一个著名的演说叫作《我有一个梦想》。

我建议各位同学有时间看一看马丁·路德金那一篇名为《我有一个梦想》的演讲。大家有时间也可以坐到那儿想一想，给自己造一个梦，把它写下来讲给别人听，如果没有人愿意相信，那么请你自己一定要相信它，请你讲给自己听，也可以讲给杨老师听，我愿意去相信。

如果你认为自己没有好的习惯，觉得自己身上有很多坏的习惯，即使是这样，你也要为自己创造一个梦想，并且坚信它能够实现。要知道，人类因梦想而伟大。如果你没有条件，什么都没有，也请一定要让自己先拥有一个梦想。

我希望未来的某一天，在某个美丽的公园能够遇到你，能看到和我现在一样年龄的你在和另外一个年轻人交流，讲自己的梦想，讲自己的经历，然后努力让别的孩子相信他们也值得拥有一个梦想。

第 六 章

父亲的草原母亲的河

打一盆温度刚刚好的水，为父母洗洗脚，并对他们说你觉得他们是全天下最有价值的父母，说你特别感恩他们，你为他们骄傲。当你做出了这个行为，你体验过了，你就会感觉到你的自我价值开始提升，开始有一种莫名的意义感，也开始在做事的时候充满动力。这是一种很奇妙的体验。

"如何处理好自己和父母之间的关系？"这一问题是孩子们诉求最多的一个问题。反过来，"怎样才能够让我的孩子感受到我是那么地爱他呢？"这也是父母们诉求最多的一个问题。

　　从孩子的角度看父母，会觉得父母的很多教育行为，很多爱的表达方式令人费解，感到不可理喻。如果从父母的角度来看孩子，会感觉孩子不听话、叛逆、不懂事，孩子的很多行为让他们感到愤怒。

　　如果把自己比作一个法官，我几乎每一天都会听到原告、被告各执一词，父母在讲孩子的莫名其妙，孩子在讲父母的不可理喻，还有一些父母和孩子会到我这里来让我评理，问到底谁对谁错，到底谁不可理喻、谁莫名其妙。在过去的日子里我遇到过许多这样的事。

　　如果给你们一个能体会我作为法官身份的机会，你们每天能听到很多家长和很多孩子各种各样的控辩，能看到亲子之间的各种不理解，还会听到很多委屈和愤怒，有父母的委屈和愤怒，也有孩子的委屈和愤怒。

　　父母讲的有他们的道理，说他们做的一切都是为了孩子好；而孩子们讲的也有道理，他们觉得父母不够理解他们，没有真正的爱他们，不够懂他们。

　　做法官时间长了，听多了这种控辩双方的激烈争论，有一天我突然发现，其实双方都没有错，只是各说各的理、各诉各的委屈，双方都听不见对方在说些什么。我眼前出现了一个幻觉，我感觉我桌子前坐着的父母和孩子仿佛生活在两个世界，而他们的中间隔着一面很厚的隔音玻璃。

玻璃的一边是父母在撕心裂肺地喊："孩子，我爱你，我们是爱你的！"玻璃的另一边的孩子看到的却是父母把爱喊出来时的狰狞恐怖的模样，他什么也听不见，不知道父母到底说了些什么，他只看见面前父母的身体近乎扭曲，甚至脸都变形了……此时，你会发现孩子也在撕心裂肺地喊："爸爸、妈妈，我爱你们，我渴望得到你们的爱！"可是无论双方怎么喊，对方看到的都是呐喊时的面目狰狞、身体扭曲、撕心裂肺，谁也听不见对方的声音。

我突然意识到孩子的那种痛苦、无助、莫名其妙，看到父母的那种无可奈何、愤怒、绝望、焦虑、恐惧……所有的所有都源于中间的这一面隔音玻璃，父母每天陪伴着你们，但他们却听不见你们内心的声音，你们也感受不到父母心底的那份深沉的爱。亲子间的情感链接仿佛就这样被隔开了，各说各的理，每个人都委屈，每个人都愤怒，每个人都费解，每个人也都莫名其妙、无所适从。

我明白各位同学希望和父母好好地处理关系，但我们真正要面对的问题不是父母的爱，也不是父母本身，而是我们面前的那面隔音玻璃，它阻碍了我们与父母之间的情感链接。

　　那怎样把眼前的这面隔音玻璃给清除掉呢？我想首先应该达成一个共识——天底下绝对没有不可理喻的父母，也没有莫名其妙的孩子。任何行为的背后都是有原因的，天底下没有把事全做对的父母，也没有把事全做错的孩子。我们只是生活在这样一个被误解的世界里。

　　我曾经跟父母们聊过这个话题，我对父母们说我非常理解他们对孩子的爱，但很多时候爱的方式有问题。孩子们还无法理解父母心里那一份深沉的爱，他们需要一种简单的、温暖的方式去体会爱。

　　我给父母们打了个比喻。如果把爱比喻成内容，所有父母的内容都是对的，他们心底里渴望自己的孩子好，也无比地在乎自己的孩子，这个世界上没有人比他们更渴望自己的孩子幸福快乐，也没有人比他们更渴望自己的孩子将来能够优秀卓越，但是父母们在爱的方式上给孩子们却造成了另外一种感受，那就是痛苦。

　　我对父母们讲："如果我请你们喝茶，那么茶就是爱的内容，盛茶的茶杯就是爱的表达方式。你们会选择什么

以成长为目标的人生：献给亲爱的孩子

样的茶杯呢？假如在我的面前有三个茶杯，我把爱的内容——茶分别倒进眼前的这三个茶杯里：第一个茶杯是一个特别漂亮的雕着花纹的玉质杯子，质地光润，你把它拿到手里会觉得手感特别好，看着也赏心悦目，然后一杯清茶入口，感觉心情无比舒畅；第二个茶杯是用长满了刺的仙人球做成的茶杯，我把茶倒进去，然后把茶杯递到你手上请你喝茶，而此刻的你定是一边闻着茶的清香，一边忍受着这个茶杯带给你的刺痛。"

我跟很多父母讲过这件事，并且给他们演示过，我渴望父母能够理解孩子，希望他们能明白形成隔阂的原因不是他们的爱，而是方式本身给孩子带来了痛苦。

这样的方式虽承载着爱却是伤人的，也正是因为表达爱的方式伤到了孩子，才造成了父母和孩子之间的误解，这就像是那面隔音玻璃墙，它带给孩子们的直接感受便是如仙人球的刺带来的痛苦一般，孩子们一点儿都感受不到仙人球茶杯里边的爱的芬芳。

我们前面说到有三个杯子，那么下面我们再来说说第三个杯子。第三个杯子是用铁做的，但里边有一个内置的装置可以通电，当父母看着杯子里碧绿的茶，闻着茶的芬芳时，不禁伸手去拿茶杯品茶，结果"哧溜"一声，父母们浑身一哆嗦，茶杯掉到了地上。

而我假装不知道发生了什么，故意对他们说："这'哧溜'一声怎么把茶杯摔地上了呢？你们怎么这么不礼貌呢？我请你们喝茶，你们却端起来把茶杯给摔地上了，这是什么意思呢？"

我想让父母们体验一下，这样可能更容易明白孩子和父母中间那面隔音玻璃墙是什么。父母的愿望是好的，望子成龙、望女成凤，甚至为了孩子愿意献出自己的生命，但是爱的传递环节出了问题。

在现场，我小范围地给父母们做了一些辅导，我很开心能看到有些爸爸的眼睛红了，有些妈妈的眼泪"吧嗒吧嗒"地掉了下来。他们说原来这么多年自己一直在用这种方式伤害着孩子，爱的内容并没有传递过去，难怪孩子会误解，难怪孩子跟他们激烈地对抗，难怪孩子说他们不可理喻，难怪孩子那么委屈……

同样，作为一个父亲的我来看所有的孩子，我发现，其实并没有莫名其妙的孩子，表面上看很多学生没有学习动力、叛逆、打游戏，有的甚至在外边打架，动不动就和别人激烈地对抗，还有的学生是那么孤独且没有朋友……孩子们为什么会这样呢？在各种各样的行为背后，我们要看清的是行为背后隐藏的本质。

其实，大多数学生不过是渴望父母能够理解自己，渴望父母能够尊重自己，当他们做得不够好的时候，渴望父母能够持续地相信自己，他们渴望被爱的感觉。就像我做的比喻一样，他们想要的不过是一杯用光润的玉质杯子装着的茶，他们渴望父母能够专心地付出真情来陪伴他们。

同学们，如果你们希望父母能够听到你们的感受，听到你们内心的诉求，不妨去实践一下我所做的比喻，给父母沏一杯茶，然后告诉他们你渴望喝这个看起来既漂亮、握在手里又舒服的杯子里的茶；告诉他们你希望他们能用正确的方式来爱你。如果大家这么去跟父母沟通，我相信绝大部分的父母能够意识到并不是孩子不懂事，也不是他们的爱伤害了孩子，而是爱的方式给孩子造成了伤害。

大多数父母都有这样的反思能力，所以同学们不妨把你们的诉求，你们希望得到什么明确地告诉父母。你可以告诉他们你希望被尊重，希望被理解，希望被信任，希望爱与陪伴，希望你的感受被关注而不仅仅是关注你的分数。你也可以告诉父母，你是多么渴望父母高兴，多么渴望向他们证明你自己，多么渴望得到他们的指导和帮助。

还有一类父母向我哭诉，说他们很爱很爱自己的孩子，却又不知如何去爱，因为从小他们的父母也没有正确地爱过他们，他们没有体会过被爱的感觉，也就不知道如何把一种美好的感觉带给孩子。

这样的父母有很多，作为孩子，我知道你可能不理解为什么他们那么努力爱你而你却感受不到。

一个孩子找到我，他说他希望自己能和父母有效地沟通，希望和父母能有情感链接，他也曾努力地去体会、去理解父母的爱，但感到特别费劲，他很苦恼，不知道该怎么办，而且他作为一名高三的学生，将要面临高考，他特别渴望有动力去学习，但好像心有余而力不足……

这里面有两个问题：第一个是父母小时候没有体会过被正确爱着的美好感觉，没有好的生命体验，他们无法把好的感觉传递给自己的孩子；第二个是孩子成长没有动力，感觉做任何事情都找不到意义感，大脑里知道想要好好学习，可就是用不上劲儿，感到疲惫，没有活力，没有动力。

这是一个因和果的关系，所谓的动力，父母的情感是源头，我们存在的意义和价值也是来自父母的情感。

我对这个高三的孩子聊了一个稍深一点的话题，也是根源问题。我说："人的任何感觉，它都不是无缘无故的，如果把我们当成一个存在的结果，那么请解释一下自己为什么而存在；如果把一个人比作一个物，有的人感觉自己值1000万元，有的人感觉自己值10元，而有的人甚至感觉自己一文不值，这些感觉是从哪里来的呢？"

以成长为目标的人生：献给亲爱的孩子

有的孩子感觉自己配得上清华、北大，配得上哈佛、耶鲁，配得上世界上最好的学校和最好的生活；而有的孩子认为自己只配当倒数第一名，他们觉得自己配不上这个世界上美好的一切。

　　那么，这些所谓的各种感觉是从哪里来的呢？就让我来告诉你们答案吧！

　　我们是从哪里来的？从表面上看，是父母创造了我们；而从因果联系上看，因为有他们所以有了我们，他们是我们来到这个世界上的原因，而我们是一个存在的结果，是因为这个原因而存在的结果。

　　有些孩子说自己的父母特别好，其实这就是从原因上解释了你来到这个世界是美好的，你的存在是幸福的。你看待父母的存在价值是 1000 万元，那么你看待自己的存在价值也是 1000 万元；你看待父母的存在价值是 10 元，甚至是一文不值，那么当你这么去看你存在的原因的时候，你解释自己的自我价值也就是 10 元，甚至一文不值。

　　这种因果联系的解释，会给你内化成为一种感觉，就是你怎样解释父母，怎样看待父母的存在，那你的成长就以怎样的意义和动力迸发出来，因为它的源头就在我们的父亲、母亲那里。

　　这个高三的孩子问我他应该怎么办，我对他讲："你

075

第六章　父亲的草原母亲的河

回到家里，为父母准备一盆洗脚水，你对他们说：'爸爸、妈妈，我长这么大了，你们拉扯我不容易，请给我一次机会，让我为你们洗一次脚。'"

这个同学就问我这么做的原因是什么，我对他讲："第一，你的父母从小没有体会过被正确爱着的美好感觉，所以他们无论怎么努力都给不了你这种感觉，你想让父母正确地去爱你，那你就得让他们体验一下这种美好的感觉。你为他们洗脚，你的父母体会到你为他们付出的美好的爱，父母就学会了，他们会想我应该把同样的感觉给到孩子。第二，这是为你重新来到这个世界的原因做了一个全新的解释，当你端一盆洗脚水去给父母洗脚的时候，你会感受到父母在你心里的分量，当你蹲下来握着他们的脚一点儿一点儿洗的时候，你可以主动地去体会一下那沉甸甸的分量，让他们感受一下做父母的价值，父母的价值提升了，你的价值感也会随之提升。"

或许听起来你会觉得这有些绕，但我希望大家能够去体会一下，打一盆温度刚刚好的水，为父母洗一洗脚，并对他们说你觉得他们是天底下最有价值的父母，你特别感恩他们，你为他们骄傲。当你做出了这些行为，你就会感觉到你的自我价值开始提升，开始有一种莫名的意义感，也开始在做事的时候充满了动力。它是一种很奇妙的体验。

以成长为目标的人生：献给亲爱的孩子

这种感觉会更好地解释你的存在，你因你的父母而感到荣耀，你因你的家庭而感到更有价值。我建议大家至少坚持每 3 个月去体验一次，如果有好的感觉，你不妨把这个行为坚持一辈子。

最后，你会发现你和父母之间那面隔音玻璃墙已经消失了，你们之间不再有任何障碍，你们之间的美好情感也能够流动起来了。你们能更有动力地成长，会变得更热情、更自信、更快乐，生活也更加有意义，你们之间也会有一个更好的沟通环境。

最后，我推荐大家一个人的时候可以安安静静地听一首歌——《父亲的草原母亲的河》。你慢慢听，听着听着就会发现，父母其实是我们的精神家园，是我们生命的源头，也是我们心底的一首歌！

第七章

生命的摆渡者

　　老师就像我们的摆渡人。我们的生命从弱小变得强大，从幼稚变得成熟，从一粒"小米"变成一只"乒乓球"；我们学会了辨别方向，学会了抵御风险，学会了独自去应对自己的人生，学会了用知识和智慧去开启未来。这一切，都和老师密不可分，他们是我们生命的摆渡者。所以，在我们还有机会跟随这群生命的摆渡者前行的过程中，请永远不要记恨他们。

作为学生，除了父母、同学们，接触较多的人就是老师。那么如何处理好自己和老师之间的关系呢？接下来我们具体探讨一下。

《摆渡人》这首歌的歌词特别有意义："我把所有的希望放在他身上，祈祷在寒冷黑夜能给我力量，我把命运的摇晃都当作奖赏，依然在路上，你说我是你的摆渡人，让你找回曾经的温存，从被忽略被遗忘被捉弄的世界，找回一切……"每当我听到这首歌时都会感慨万千，热泪盈眶，如果站在我的这个节点进行回望，想想我遇见过的老师们，内心不禁有诸多感慨。

从小学、中学、大学，到研究生毕业，我遇见过很多很多的老师，有我喜欢的，也有我不喜欢的，有鼓励过我的，也有批评过我的，还有我们之间产生过激烈对抗的。

这些经历就像是一幅幅画，一帧一帧的画面都定格在过去，现在想着这样一幅幅画面，听着《摆渡人》这首歌，我觉得老师们就像一群摆渡人，求学的路途就像穿越在一个未知的荒漠上一样，这个荒漠充满了危险，充满了豺狼虎豹，充满了各种各样可能伤害我们的有形和无形的东西。究竟会遇到什么，我们浑然不知。一个名为"老师"的人，前来摆渡你。他带着你穿过这片荒漠，直到你有能力自己往前走。你也许会认为摆渡人有好的，也有不好的；

有你喜欢的，也有你不喜欢的。但我想和大家分享一句话，就是"这个世界上没有谁比谁更聪明"，这是苏格拉底说的话。你可能会有疑问："我们的父母比我们经历得更多，老师比我们懂得更多，是不是他们在现实生活中就表现得更聪明了？一些同学的成绩比我们好，是不是就意味着比其他人更聪明了呢？"

如果你真的还不太明白苏格拉底的这句话，你不妨在家里拿一粒小米和一粒大米，拿一粒花生和一只乒乓球，你把它们一个一个地扔到学校的操场或足球场上，那么当你去寻找这些你随手扔掉的东西时，你就会发现把人类已知的和未知的相比，已知的东西渺小到可以忽略不计。

苏格拉底还说过"我所知道的就是我一无所知"。他讲的其实就是那粒已知的小米和学校的操场之间的关系，"我向四处望去，看到的是茫茫一片我不知道的，而我所知道的就是我一无所知"。

乔布斯告诫我们要"保持饥饿，保持愚蠢"。我仿佛看到了这样一幅画面：一只大乒乓球带着一群小米，一起穿越一片荒原，试图去摆渡这群小米，让它们能够安全地抵达荒原的另一边，大乒乓球希望这些小米能够快快长大，增加自己的知识，希望走出荒原的时候小米们长得比乒乓球还大，能够抵御更多的风险，能够抵御更多未知事物的伤害，能够有能力去探索更多的未知的世界。

　　"乒乓球与小米"的故事是英国的一个叫克莱尔的作家所写的《摆渡人》里的内容，这个比喻真的很形象。在这里我不会跟大家强调摆渡人有多么重要、多么高尚，我们就单纯地围绕这个故事聊一聊。

　　乒乓球领着一群金黄色的小米，它们似乎是那么的小，小得微不足道。乒乓球带领着小米们穿越了一片充满了各种未知和危险的荒原，在这个过程中，它们曾路过一条叫作幼儿园的小溪，一条叫作小学的河流，一块叫作初中、高中的平原，还有一座叫作大学的高山。

　　乒乓球奔走在这群小米的周围，但在穿越的过程中，有一个小米提出了抗议，它说："我不想跟你走了，我不喜欢你，你伤害了我，你让我感觉很痛苦，我也想爱你，可是我恨你！"

　　几年前，有一个初中的男孩曾跟我描述过他的苦恼，那个男孩讲得特别逗，我至今记得那个孩子讲的时候我笑得停不下来。他说他和他的老师互相看不顺眼：他看老师就像是一只大灰狼，而老师看他就像是一只黄鼠狼。他做什么，老师都觉得他不安好心。

　　有一次他上课迟到了，作业也没完成，由于他已经迟到过很多次了，老师就让他站起来听课，然后他就对老师

以成长为目标的人生：献给亲爱的孩子

提出抗议，老师又让他站到班级的门口去听课……这种事同学们可能都遇到过，但男孩接着对我说："我给了老师一个下马威，我打电话给110，说老师虐待我。"

我就问那个孩子，他和那位老师之间的关系是更好了，还是更不好了。他表示更不好了、更差了。我问他知道不知道其中的原因，他说是因为他打了110让警察来抓老师，他想把事情闹大，从而让校长教训他的老师。

男孩把老师当成了大灰狼，把自己当成了一只小绵羊，把老师看成了自己的敌人，想让警察来抓老师。倘若我是那位老师，我也肯定很生气。

这样的故事有很多很多，这件事就像有一天其中的一粒小米看乒乓球怎么看都不像老师，它看那只乒乓球变成了灰太狼、变成了狼外婆，甚至变成了老巫婆，而这只乒乓球看这一粒小米怎么看也都不像一粒小米了，在它看来，小米变得像一个桀骜不驯的小怪物。

双方的心里产生了偏见，就像戴了一副老花镜一样，无论是对老师、对父母、对同学，还是对自己所处的客观世界，都开始变得偏执。如果你的爷爷、奶奶、外公、外婆有老花镜的话，你不妨戴上他们的老花镜走100米的路，感受一下看什么都是模糊的、看什么东西都是扭曲的感觉，你会发现人的偏见一旦形成，你再去消除这种偏见是一件很痛苦、很难的事情。

有一个在河南师范大学附属中学读书的小女孩，她看班主任也是怎么看都不顺眼，因为班主任总爱批评人，批评人的时候还总挖苦两句。这个女孩上课从不捣乱，但她每次一看到老师批评别的同学，她就受不了。

初中二年级的时候，只要那位老师批评别的同学，她就举手，并且站起来质问那个老师："你有什么资格去这样说学生？你可以教我们知识，但你不能这样批评人，你这样批评人是不对的，因为我们也是有尊严的！"每次她"噼里啪啦"地和老师说了一通之后，老师就让她回去反省一天，但她反省完之后，对老师产生了更大的偏见，就像是在自己的老花镜上又加了一层让事物看起来更加变形的东西，她甚至把那位老师看成了一个变态。

后来我跟她的妈妈一起去见了那位老师，碰巧那位老师是我的一个小师妹，她跟我说："老实说，这个女孩都快让我有心脏病了，有时候看到哪个同学在课堂上默写错了，我就随口说两句，我一说，那个女孩就举手，每当看到她举手，我的心都会颤一下，有时候腿都抖，这个女孩每次都在课堂上让我下不来台，让我讲起课来也很难过，你说这样的孩子，我还怎么教她呢？"我对小师妹讲："你可能一直都是好学生，像师兄我呢，就遇到过和这个同学类似的经历，你可以换一个思维方式，其实没有哪个孩子愿意跟老师对着干……"

我建议师妹去那个小女孩的家里看一看，因为虽然让小女孩回去反省了很多次，但换来的是她更加激烈地对抗，并没有解决任何问题，如果这个"小米"掉队了，相信做老师的也会有遗憾的。

后来，我的师妹拿着一束花带着班干部，去了那个小女孩的家里，她很真诚地给孩子道歉，很快，她和孩子之间的那块坚冰就融化了。再后来，这个女孩考上了高中，抱了更大一束鲜花送给了那位老师，并鞠躬说："我也欠您一个道歉。"

现实生活中，我们和老师发生冲突、产生偏见时，也许不是每一个老师都会来到你的家里给你道歉，但我们必须想办法把自己眼睛上的"老花镜"给摘下来，找到问题的本源，重回到"小米"的状态。

我曾遇到过一个比大灰狼更让人害怕的老师。在我高中二年级结束的时候，我因为和班主任老师发生了冲突，便选择离开了"大乒乓球"所带领的那支队伍，我突发奇想地去打工了。一年之后，我打工回来复学后，我的体育老师对我说："回来了就好好读书。"还问我到底能不能把心静下来用到学习上。我答应他试一试。

离开学校一年的我已经跑野了，很难一下子把心收住，体育老师便拿着一根很粗的木棒往我手上敲了两下，并对我说："杨彭崙，我没事儿就会在你们班门口巡视，如果让我发现你逃学，我就用这根大木棒替你爸爸打断你的腿！"我当时特别害怕地看着他，他质问我是否相信，我连忙说信，可心里却是对他又恨又怕，我甚至觉得他的那番话深深地伤害了我的自尊心。

　　有一次晚自习，还没学多久，我便忍不住溜了出去，但没想到的是我还没溜多远，就真的有一根大木棒抡到了我的屁股上。体育老师走过来问我干吗去，我当时脑袋都乱了，也不知道编一个什么理由，便随口说我要去上厕所。体育老师便说："厕所在那边，有谁是跑到墙根上厕所的？就算是，那你为什么在人家包子铺这里上厕所？"看着翻墙地点处的包子铺，我当时想都没想脱口而出："因为他家做的包子不好吃！"紧接着又是一棍子……

　　我当时快恨死这个体育老师了，结果他忽然对我说："我要不是看你瘦瘦弱弱的在学校那么可怜，要不是看在你爸爸的面子上，哪里愿意天天到你们教室门口看着你啊！哪里愿意用棍子抡你！"听完他讲的这番话，我被感动了，于是我选择回到教室，硬撑着熬过了后面的几个月。

　　有一次周末，体育老师不让我休息，让我去帮他搬家，在中午吃饭的时候，出于"报复"心理，我吃了他家四大碗面条，并且一边吃一边默念着我恨他。可能是我把恨都发泄在他家的那几碗面条上了，最后我选择了原谅。我忽然发现了跟老师相处的一个真谛——爱比恨更有力量。我又变成了一粒小米跟着那乒乓球继续穿越那片荒原去迎接高考，去走向更远的远方。

就这样很神奇地，我发现我不再恨班主任王老师了，每次暑假、寒假，只要我有时间，就会坐车到县城去看望他，看看他家还有没有大西瓜，我要再多吃几个，我害怕我还恨他，因为我想爱他。

我曾经在高二的时候还激烈地对抗过班主任，当时我一直恨他，并把我辍学的所有责任都归咎于他。等到高考结束，我的爸爸说要带着我去看一看我的班主任王老师，并对我说："王老师其实没有你想象得那么可恨。"到了王老师家之后，王老师请我们吃西瓜，于是我又抱着"报复"的心理，把他家的一个大西瓜全吃完了，我把恨都放到了他家的西瓜上，最后我又选择了原谅。

有一次，我儿子放学回家后脸色不对，我问他发生了什么事情，他说他恨死语文老师了，因为他们小组里有一个同学背古文没有背会，老师便罚他们整个小组把那篇古文抄 5 遍，儿子很是不满，他说："为什么我们都会背了，只有他一人不会背就要让我们所有人都抄5遍！我们语文老师实在是太可恶了！"

我问儿子知不知道那个老师的家在哪里，我对他讲我要带着他去把老师家的玻璃给砸了，儿子很惊讶地说："你砸他家玻璃干吗呀？就你这样还是大学老师呢？看看你自己的素质！"我又对他讲："那我们不砸玻璃了，你们老师上班开车还是骑车，我们去把轮胎气给他放了吧。"我儿子很是疑惑，感觉爸爸比他还要恨老师。我假装生气地说："我儿子受委屈了，我当然恨他了！"结果，我儿子却对我说："算了算了，别跟我们语文老师一般见识，她其实也是为了我们好，抄5遍就抄5遍吧，就当是我又背了5遍课文。"

我这样做并不是要让儿子去恨他的语文老师，我只是希望儿子能够把气撒在玻璃上、轮胎上，因为我不希望儿子对老师心存敌意。第二天，儿子上学的时候对我各种叮嘱，让我不要去找语文老师的麻烦，看着儿子远去的背影，我发现儿子心里对语文老师的恨意逐渐消散。

我曾有幸给华中师范大学第一附属中学高三班主任做过一次培训，这所学校的这批老师每年都可以向清华大学、北京大学输送六七十个学生，其中有一个老师，也是一个初中孩子的妈妈，在交流过程中她说："一届一届的毕业生就这么送走了，我们高三班主任压力也特别大，我也特心疼那些孩子，不期望这些孩子能记得我们为他们做了什么，只希望我们哪里做得不好了，他们不恨我们就好。我们做老师的不容易，但我也更能理解他们作为孩子在成长过程中各种各样的不容易，我也能深深地体会到老师和学生互相产生偏见的那段日子有多么的难熬……"

其实，老师真的就像我们的摆渡人，我们从弱小到强大，从幼稚到成熟，从一粒"小米"变成一只"乒乓球"，我们学会了辨别方向，学会了抵御风险，学会了独自去应对自己的人生，学会了用知识和智慧去开启我们的未来，所以在我们有机会跟随这群生命的摆渡者前行的过程中，请永远不要恨他们。

曾经有一个孩子，虽然考上了很好的大学，但在初中的时候也和老师发生过激烈的对抗，甚至快到了休学的地步。后来他想到了一个办法，他把和老师的所有的不愉快都当作游戏中的打怪，老师越是打击他，他就越是要变强大，一定要做出点成绩让老师对他刮目相看。

无论你是"打怪兽"，还是把老师当作摆渡人，他们都确实带领着你从幼稚走向了成熟，让你变得更加强大了。同学们，你们不妨回头看一看，那些你们爱的或恨的、鼓励过或伤害过你们的老师，他们教给你们的东西将会永远伴随着你们前行！

第
八
章

群体表现与优越感目标

当你实现了自己在群体中的优越感目标时，你也就真正地长大了，也定将在人类这个奔腾不息的河流里得到滋养、获取力量，从而走得更远！如果你始终融入不到这条大河里，你就会变成一条小支流，未来的你将会在慢慢往前流淌的过程中枯竭。

如何融入群体？如何处理好群体关系？这是同学们都会面临的问题。在校园环境里，每个同学都有两个重要的目标要实现，第一个是学习目标，第二个是优越感目标。

作为一名学生，学习目标的对象是书本上的知识，体现的是学习能力，实现这个目标是我们的愿望，也是我们的父母、老师及社会对我们的一个期望。而优越感目标在我看来要比学习目标重要得多，它体现在我们的群体融入度、社会能力等方面。

我的儿子上小学的时候，有一次，他很沮丧地回来跟我说他没考好，我的心里对于这件事并没有太多的关注，因为只要我们愿意，这些都会变得越来越好。如果孩子回来跟我说他没有朋友，那么我就会特别紧张，因为我知道他已经到了一个从自然人向社会人转换的时候，我们不仅仅属于自己，我们还有父母，有自己的家庭，有自己的社会属性。

还有一次，儿子跟我说他和班里的某位同学正式绝交了，听他说完我的心里就"咯噔"了一下，一个小学生和自己的朋友绝交了，我要怎样去和他交谈这件事情呢？我想了几天都没想明白。过了几天，我儿子回来和我说他和那个同学又绝交了，我不禁疑惑：他们前两天不是刚绝交吗？结果儿子告诉我他们之前绝交完就和好了，这是第

以成长为目标的人生：献给亲爱的孩子

二次绝交……儿子在小学阶段和他的朋友分了合、合了分，仅是绝交就绝交了几十次，尤其三年级时是他喊绝交频率最高的阶段。

如果人生的经验是一个楼梯的话，那么我作为一个成年人，站在40层楼往下看，我能感觉到，孩子们如果想要完成自己的优越感目标，想要完成自己的社会化，那么就一定需要朋友，需要融入群体。如果个体和群体之间找不到联系，或者我们在群体中被边缘化，那么这将是一件极其糟糕的事情，因为在我看来它是一件比考倒数第一名还要严重10倍的事，所以我把孩子们的优越感目标当成第一目标，其次才是学习目标。

换一种方式来说，在我们拍着胸脯表明"我是人类""我是个人"之前，我们需要先和我们的整体及人类找到联系。如果把人类比喻成长江，你将会发现一个又一个小人背着书包走进了校园，就像一条又一条的支流一样，慢慢地融进集体。

当你说你是一个学生的时候，其实你指的是一个整体概念，就像你说这是长江，其实它是由无数的小支流汇合而形成的，它的里面有各种各样的资源，每一滴水都紧紧地凝聚在一起，最终形成了一个整体。同学们，如果说你是一滴油，整体是一条河，你无法融入进去，那么你也就不能说你是一名学生。如果你始终融入不到这条大河里，你就会变成一条小支流，未来你将会在慢慢往前流淌的过程中枯竭。

假如在学校里，你始终与群体保持着距离，也没有好朋友，那么你在群体中就会因有压迫感而感到不舒服，感到不知道该怎么和别人交流，等待你的将会是被群体不断地边缘化，这在成长过程中是一个较为令人担忧的现象。因此，每当我关注一个群体的时候，会特别关注处于边缘地带的这部分孩子。

如果想要从个体到整体有一个很好的融入，完成个人社会化的过程，那么同学们需要特别注意一个心理现象。比如说，一些在缺乏温暖的家庭中长大的孩子、身体有缺陷的孩子、从小被批评否定过多的孩子，可能会经常挑剔别人，会用挑剔的眼光去审视这个世界的所有现象，最后他们把这些行为归结为一句话——我和别人不一样。

曾经有一个初中一年级的孩子就生活在这样一个群体的边缘，他特别渴望得到朋友，特别渴望融入群体，但是他却为此而苦恼，不知道该怎么办。我这样对他说："如果把你的同学比喻成一种植物，你觉得他们像什么？你看到的这个群体，又像什么植物？"那个孩子想了一会儿回答道："杨老师，我觉得我的同学们像花朵。"于是我给他拿了一张纸，让他在纸上写上花朵，并在旁边画出一朵小花，接着我又让他给自己找一个植物做比喻，结果他连想都没想，直接回答说他像狗尾巴草。我问他什么时候开始这样觉得，他告诉我他一直都觉得自己和别人不一样……

如果你也为此而感到苦恼，那你不妨试一试这个方法，把自己比喻成某种植物，再看看别人又像哪种植物，你只需要对自己有一个回答就可以。

现在接着思考，那个同学真的是狗尾巴草吗？当然不是，他只是误以为他和别人不一样。这种心理因素往往会把我们推到群体的边缘，让我们在群体中没有办法正确地表现自己，没有办法更好地去获得友情、融入群体。

如果你还是不太理解，我们可以换一种说法。没有一个人是一座孤岛，尤其是到了初中阶段，我们会更需要朋友，更想融入群体，那么推动你产生这种渴望和动力的是什么呢？它就是"孤独"。

我小时候胆子特别小，大人们为了让我听话，就吓唬我说有一个吓人的东西，叫猫虎。我那个时候不知道什么是猫虎，但是从大人的眼神来看，猫虎应该是一个很可怕的东西，而且让我印象很深。晚上，我的父母让我去爷爷家送饺子或是送水果，每当我一走进茫茫的黑夜就会感到莫名的害怕，其实我害怕的不是黑夜，而是那个未知的猫虎。在去和回来的路上我会走得特别快，虽然我们家和奶奶家只有 100 多米，但是每当到达目的地的时候，我都会觉得安全了，心跳不再加速了，后背也不再发凉了，因为我认为总算摆脱了那个跟在我身后的猫虎。直到现在想起来猫虎，我还是能找到当时那种恐惧的毛骨悚然的感觉。

我和大家分享这个经历，就是想告诉同学们孤独是什么。如果从小就有人告诉你要听话，不然孤独便会来找你，那么它就会化作动力，推动你奔向群体、奔向人群、奔向和你有共同语言的人。

你在茫茫的黑夜里一直往前走，看到一扇门时你去敲门，假如门里是陌生的人，你不认识他们，你会觉得你不属于那扇门里的世界，不属于那个整体，你也将会像一个找不到家的孩子一样，在茫茫的黑夜中继续前行，而这就是孤独带来的感受。

其实每一个个体，都有他独特的魅力和价值，无论你长得好不好看，你的家庭是否完整，你的身上是否有残疾，学习成绩是否好，你都应记着你就是群体的一部分，我们每个人都一样，同学和同学之间没有谁比谁更好一点儿或差一点儿，我们要给自己一个心理暗示——所有人都是花，没有人是狗尾巴草。

如果同学们没有问题，都能够很好地融入群体，那么接下来我们需要在群体中找到"我很重要"的一个感觉。假如你感觉自己在群体中不够好、不重要，始终无法找到自己很重要的那种感觉，那么你将无法在群体中愉快地生活下去。所以，所有人进入群体之后，都会努力地去实现一个目标——优越感目标，它带给人的感觉是十分重要的。

　　那么怎样去实现呢？我们完成了叫作"我们都一样"的第一步，第二步就需要我们在群体中正确地表现自己。平时在课堂上，我们会发现有些同学会举手提问题，而有些同学却不好意思，害怕犯错。但在群体里，大部分同学在和人交往的过程中，都能恰当地去表现自己的优势，尽可能地让自己好的那一部分让别人看见。而你行为背后的目的便是为了让别人看见你，它就像一群人在黑夜里挥舞着手电筒，当别人看见有光的人便会自动靠拢。

　　那么，我们到底要怎样在群体中去表现自己呢？比如你善于写板书，你就可以帮老师写黑板报；你是个热心肠的人，你就可以去帮助有困难的人；你有唱歌的才能，你就可以主动代表班级参加才艺表演；你有很好的交流能力，你就可以去参加演讲……

　　每一个人的身上其实都有闪光的地方，你要做的就是把你最闪光的地方让别人看见，但是一定要以正确的方式去打开，而不是把头发染成五颜六色、穿着奇装异服、打扮得浓妆艳抹……

我的一个学生曾经在给孩子们做辅导时，向孩子们喊道："谁愿意上台讲话，请举手。"当时有很多孩子举手，但是我的学生却请了那些没有举手的孩子们站起来并让他们来到台上。我的学生搬来一把椅子，让台上的孩子们站上去并说要教他们讲话。孩子们看上去特别胆怯，于是他首先教了他们这样一句话，那就是"管他呢，反正死不了"。那些孩子便小声地跟读了起来。站在台下的我看到那些孩子后来说话的声音逐渐变大，目光也变得坚定了。

第三步就是价值观和群体目标要保持一致。我过去从事新闻工作，它会有一个群体的主流声音，当我们与主流的那个声音不一致时，就会发现我们似乎变得阴阳怪气，不管你怎么去说，你都会显得很奇怪。比如，一个整体都在说好好学习、天天向上，而有个人却在大喊好好学习、天天向下，当时他可能会感觉很好玩儿，但是你会发现，当他的声音和群体的声音不一致时，他就会显得很奇怪。

第四步就是要和群体有共同的兴趣爱好、共同的语境。无论在哪个年龄我们都会有自己的爱好，说话也会有这个年龄的语境。例如，我喜欢打篮球，我就能和朋友一块谈论篮球，也可以和单位里会打篮球的同事一起打篮球。这也就说明了有共同的兴趣爱好，你才能更好地融入群体。

第五步是对每个人要保持最基本的善良。你想要让他人以什么样的态度对你，你首先应该以这样的态度对待别人，这也是人际关系中的黄金法则。

第六步叫作"保持尊严与独立思考"。假如你在群体中组成了一个朋友圈，你们会干些什么呢？是天天交流如何打扮自己，交流如何逃学，讨论如何做些离经叛道的事情吗？答案肯定不能是这样的。如果你想要在群体中保持尊严，那么你就必须学会独立思考，不要盲从盲信。其实一个学生最大的尊严就体现在他的身份里面，他是个学生，他应该有学生的样子，具有自己独立思考和判断的能力，懂得什么样的朋友是良性朋友，应当融入什么样价值观的群体……

第七步也是最后一步，它是一个很辩证的人际交往技巧，即让别人在你的眼中看到更好的自己。假如你和一个朋友在一起打篮球，他的运球技术可能不如你，但是当你们在一起讨论打篮球的时候，你可以去说一下他今天的精彩表现，比如你说你特别感谢他今天给你传的那个球，你觉得他是一个大公无私的人，也可以夸一夸他的打球风格像哪个篮球明星……

别人身上有什么值得赞美的地方，你可以告诉他。但如果你所有的优势他都没有，那你就应该尽量地避免拿这个话题去做比较。当别人在你的眼睛里看到了更好的自己，那么我相信你也一定会在别人的眼里看见更好的自己。

　　当你做到以上这些且实现了自己在群体里的优越感目标时，你也就长大了，你也定将会在人类这个奔腾不息的河流里得到各种各样的滋养，获得更多的智慧和力量！

第
九
章

书包里的玫瑰

　　如果你已深陷迷惘，感到十分无助，那么你可以让自己多一些运动，因为运动可以调节人的激素水平。它就像一个恒温空调，通过运动、出汗，将人产生的过分美好或过分痛苦的激素拉回到一个较为平衡的水平上。

如何理解异性之间的感情关系，是很多父母和孩子都会向我咨询的一个问题。那么，接下来我们就来一起了解一下学生时代的爱情是怎样的。

首先，我认为自己没有资格去评判学生时代是否应该有异性之间的情爱关系，因为我已经不是学生时代的人了，但是我们可以探讨一下各位同学所存在的困惑，分享一些我的思考。

我第一次看到中学生朋友热烈地谈论这个话题还是在10年前，当时董进宇博士在河南郑州举办了一期中学生的潜能训练营，其中有一个晚上，现场开展了一场关于"中学生早恋利大于弊还是弊大于利"的辩论，学生们被分为正方和反方，我看到200多个孩子对于这个话题的反应特别热烈、特别感兴趣。大家各执一词，对这件事情都有新的思考和理解，下面我也来谈一谈我的思考和理解。

我认为最困扰中学生的不是爱情本身，爱情是一种正常的人类情感，但是如果在这个阶段谈恋爱，它就很有可能影响到学习，进而影响到学生的正常生活，当我们没有能力去处理好这个问题时，它甚至会改变我们一生的轨迹。

在学生时代，从孩子的角度来看，美好的情感就像杜甫那首《春夜喜雨》的诗一样，"好雨知时节，当春乃发生。

以成长为目标的人生：献给亲爱的孩子

随风潜入夜，润物细无声"。这是自然而然地出现的一种感觉。但从老师、家长的角度来看，他们会认为情感处理不当，很可能会影响孩子们的学习，甚至影响孩子们的身心健康。

大人们的担心其实不无道理，因为在学生时代，往往能够经得住拥有美好，却扛不住失落与惆怅。有一个在加拿大上大学的男生说要找我聊一聊，他说他什么道理都懂，什么都明白，但就是特别痛苦，什么也学不进去，什么也不想干，就像中了病毒一样，整个人都死机了。

俗话说："牙疼不是病，疼起来要人命。"那个男生就把这句话拿来用，他说："爱情不是病，病起来要人命。"他化用得很正确。一个上大学的学生，在面对爱情的时候，还是会困惑，觉得这依然是生命无法承受之重，更何况是我们上初中、高中的同学们。很多孩子遇到这种情况的时候，真的是没有能力承受这些困惑的，这是父母、老师及整个社会对你们所忧虑和担心的。没有人去否定这种情感，也没有人去指责这样美好情感的到来。

我的儿子上小学的时候，有一天表现得有点惆怅和失落，我看着他神情不对，就立马询问他怎么了，他回答："我老婆跟人跑了。"我听完当时就愣在那里了，一个小学四年级的孩子有老婆，老婆还跟人跑了！我问我的儿子这是他的第几个老婆，儿子说："就这一个老婆还跟别人跑了，他们有的都找了好几个了。"我不禁好奇，忙问儿子她为什么跟人跑了，他说因为后来调座位，那个女孩和另外一个男孩成了同桌，于是他们两个就好了……这就是小学生理解的两性关系，他们认为男孩和女孩在一块玩儿就是好上了，这与后来初中、高中同学，以及成年人的认知是完全不同的。接下来我们就重点谈一谈初中生、高中生及大学生概念里的两性情爱关系。

爱情究竟是什么呢？如果我们在中学时代、大学时代是"当春乃发生"，把它当作是一场"春夜喜雨"，那它就是一种冲动的行为，会有很多的不可预测、不可控制的成长上的风险。如果多一些理性上的理解，我们就能把这种冲动行为转变成一种理性行为。

在我看来，所有的问题都不在于这种情感和行为的本身，而在于它是一种盲目冲动的行为还是一种更为理性的行为，重要的是要懂得去规避太过沉重的伤害和风险。爱情是一种情感关系，我们试着从理性的层面进行解读和认识。首先从符号学，也就是字面意思上理解的爱情，它是动物对于信号做出的条件反射，对于人这一高级动物，他把这些信号改造成了有意义的符号，那个符号就叫作

以成长为目标的人生：献给亲爱的孩子

爱情，这是卡西尔在《人论》里面对爱情的解读。

　　如果让生物学家来解读爱情，他们看到的就不会是"春夜喜雨"，他们看到的是一堆荷尔蒙，看到的是苯基乙胺、多巴胺、后叶催产素等。对于互相有好感的两个人，不管对方说什么他们都信，这在生物学家看来就是后叶催产素在起作用；一个男生看到一个女生后心跳、脸红，这是苯基乙胺和去甲肾上腺素的作用；看到自己喜欢的人被别人喜欢了会吃醋，这是后叶加压素控制了他的忠诚……生物学家看到的爱情，叫爱情荷尔蒙，它是由一堆激素产生的，然后这些激素操控了我们的心理状态、行为状态和感受状态。

　　如果你再换一个角度，让心理学家来看学生时代的爱情，那么你会听到心理学家说这种情况是感统失调产生的错觉；对社会学家来说，他看到的是一个男生和一个女生基于一定的社会关系，进而相互合作的产物；让伦理学家来看爱情，他们会说不以结婚为目的的谈恋爱都是耍流氓；让美学家来看爱情，他们看来看去都觉得这像是斯芬克斯之谜，里面充满了无限的美感；让文学家来看爱情，就如李清照所说的"一种相思，两处闲愁"。上大学的时候，我的一个室友失恋了，他一回宿舍便念了一句诗："曾经沧海难为水，除却巫山不是云。"这便犹如文学家眼里的爱情；让哲学家来看爱情，他们会说这是一种人类的精神活动，它的哲学目的是让人最终成为一个人，哲学家看到的是人的完整性；如果从宗教层面来看爱情，那么它就是亚当、夏娃那一段美丽的故事；如果通过逻辑学来看爱情，那就彻底完了，因为在逻辑学里爱情就是一团乱麻，怎么扯也扯不清，怎么捋也捋不顺；如果让家庭教育专家来看爱情，他看到的就是一个孩子在家没有吃饱饭，出去觅食去了；从家长的角度来看同学们的爱情，家长就会立马给你戴一顶帽子，而这顶帽子就叫作"早恋"……从不同的角度来看爱情，我们就会看到爱情的不同侧面。

我上高中的时候，学习成绩曾从班级第一名滑到了倒数第一名，其中家长所认为的早恋功不可没，我当时没有能力去处理好这件事，这件事也确实对我造成了很大的影响。有一次，我去村西边的一条小河里钓鱼，旁边有一个爷爷，坐在那里闲聊时，我便给他讲了我的烦恼，表达了自己的苦闷和无助。那个爷爷指了指玉米地对我说："玉米收早了，还没熟，你就掰完了准备煮着吃，那么到真正成熟的季节时，你将颗粒无收。"爷爷的这句话让我印象很深，虽然当时不是特别理解，但是现在我明白了，我常常在想，要是到大学经历这场"春夜喜雨"该多好，因为对于当初的"早恋"我真的没有能力去好好处理。

我也见过很多的初中、高中同学因为这件事而造成的压力和影响，我们只想着分泌去甲肾上腺素这件事情，却往往忽略了这里面还有其他的情感状态，它还会分泌其他的激素来折磨你，同学们可能也没想到这件事情在哲学层面会是一团乱麻，我们赢得起、输不起。

有些同学说他们已经陷进去了，问我该怎么办。说实话，我也不知道该怎么办。有一个高一男孩的妈妈找了我好多次，讲了关于他儿子早恋的很多细节、很多无奈。听这位妈妈说完后，我故意从生物学的角度为这位妈妈解释这件事情，我说孩子们的早恋其实就是一堆激素在打架，这位妈妈听完后不禁笑了，说这么美好的事情怎么被我说的一点美感都没了。我就接着对她说："其实有一点可以供你参考，运动可以调节人的激素水平，它就像一个恒温空调，通过运动、出汗，可以把孩子产生的过分美好或过分痛苦的激素拉到一个平衡状态，这就是运动的作用。"

还有一次，一个男孩和一个女孩到扬州来找我，两个人已经到了死磕互掐的地步，双方都被折磨得疲惫不堪，也没有办法好好学习。于是我就换了个角度和他们俩聊，我问他们死磕互掐的目的到底是什么呢？如果有人真的有一种高尚无私的情感，真的喜欢一个人，那么他一定会让对方变得更好，而不是去折磨对方，这是从人性的角度来看待这件事情的。于是，我质问他们两个，嘴上说的喜欢对方，结果却让对方作为学生连学都不能上，这样真的对吗？并且还故意说，造成现在的情况难道不是显得很自私、很邪恶吗？女孩儿听完后慢慢地开始谈起学习："我应该怎么好好学习？我以后的路要怎么走？我要怎么才能考上大学？"

我很抱歉没有把学生年代的很懵懂、很美好的情感描述得那么好，我所做的是希望大家能够从各种各样的角度去看同一件事。如果真的需要什么建议的话，那么我作为一个老师、一个过来人，我建议同学们在上大学之前把"玫瑰"收在书包里，不要把它拿出来。从杜甫的角度来看，就是等你上大学的时候春天来了，你再让它下那一场"春夜喜雨"。从老家那个爷爷的角度来看，就是静静地等待"玉米"完全成熟的那一天。如果你已经陷进去了，并且感到十分无助，那么你可以去运动，可以向别人倾诉，可以通过哭泣来释放自己，也可以换一个环境继续读书。你要记住的是，这是一个需要成年人帮助你的事情，而我们所做的一切都是为了让你更好地理解两性关系。

同学们，如果本章的内容你真的看懂了，那么你就

以成长为目标的人生：献给亲爱的孩子

能更好地处理在年轻时候的情爱冲动，因为我在解读爱情的时候，就已经把各种各样的武器交给你了。你可以从人类学、生物学、心理学、伦理学、美学、文学、社会学、宗教、逻辑学、哲学等各种各样的角度入手，去厘清这种情感的事实是怎样的，如此你就可以更容易地启动自己的理性能力了。

第十章

CHAPTER

学会独处

　　想象一下你的脑袋上有个摄像头，这个摄像头每天都对向外边，每天都在了解着外边的世界和人，而学会独处就是让你把摄像头对着自己，试着和自己进行深度的沟通。就像常见的自拍，对于照片上的自己，我们不满意，于是，我们打开了美颜功能，看看自己美好的一面，看看自己渴望成为什么样的人。

在生活中，我们要学会处理很多关系，比如我们和父母的关系，和老师的关系，和群体的关系，和异性的关系……还有一个很重要的关系便是我们和自己的关系。

关系就像一张看不见的网，我们受种种关系因素的制约。很多同学善于处理和别人之间的关系，却总不能和自己好好相处，每当出现这种情况的时候，就会魂不守舍，注意力不专注，每天徒增许多烦恼，想努力却无能为力，最后越来越自责，甚至开始恨自己。

我常听到一些中学生对我讲："杨老师，我不恨我的父母，也不恨我的老师和同学，所有的一切都是我不好，都是我自己的原因，都怪我自己没有能力，我恨死我自己了……"如果从他人的角度来看，可能会觉得这个孩子很懂事，不会迁怒于人，能够把原因归结到自己的身上。但其实这是自己与自己沟通不畅所形成的一个现象。

我们之所以产生深深的自责、自我否定感，就是因为自己没有处理好和自己的关系，而并非因为懂事。自己和自己沟通不畅是更加让人担心的，如果必须有个取舍的话，我宁愿你和别人沟通不畅也不要和自己沟通不畅。

我曾经和一个小女孩一起聊天，她聊了自己很多的烦恼。她学习成绩不错，各方面表现得也很优秀，老师和同学们也都非常喜欢她。但是她自己却想不明白，为什么

以成长为目标的人生：献给亲爱的孩子

她和别人总有距离感？为什么自己很怕融入集体呢？

于是我问她："你和群体在一起会有什么样的感觉呢？"她回答说："我会感到特别累，我需要顾及别人的感受，我说话的时候要想一想别人是怎么想的，而且我没有朋友，也渴望有一个朋友，如果我有一个朋友的话，我在学校会特别开心，我也会很愿意去上学，去好好学习，但是我就是没有朋友，我觉得和所有人在一起都不轻松。"

如果活在别人的期望里，那么活出来的某个样子是让别人看的，而不是让自己看的，这样的话，就会觉得活得特别累。她说："我就是死要面子活受罪，我父母也特别要面子，不知道为什么我也特别要面子，我特别讨厌现在的自己。我有时会想，我是不是有毛病，我为什么会这样呢？"其实这样的状态在青少年学生里特别常见，我见过很多孩子都遇到过这样的困扰。而我能做的就是帮着各位同学和自己做一个对话，帮大家看看你和自己是一种什么样的关系。

有一次，我和一个初中二年级的男生聊天，那个男生很自卑，做什么事情都说自己这不行、那不行。我说："咱们做个游戏，你把我想象成你自己，你看着我会想和自己说点什么呢？"那个男孩入戏特别快，对着我就叫他自己的名字，说："你为什么总是那么怂？好多次都发誓了，可是你还是做不到。"他一直在控诉自己。虽然当时我只是个角色扮演者，可是我能深深地感受到他是一个多么恨自己、多么厌恶自己的人，他控诉了大概十多分钟，一句又一句的话，像刀子一样戳进我的心里。

我不禁问："我有那么差吗？"他说："你就是那么差，我不喜欢你，我讨厌你，我恨你。"然后我就继续和他对话，就像他和他自己对话一样，我说："我也有很多次考过班级前五名，我真有那么差吗？"他不屑地说："你考班级前五名又能怎么样？你考班级前五名又不是给自己考的，你是给别人考的，这些东西都不是你真正想要的。""那我真正想要的是什么呢？"我们就这样聊着，他一句、我一句的，聊了快1个小时，聊到最后他忽然说道："其实你也没有那么差，我想夸夸你。"然后他就一口气从我身上找了十多个优点并说道："你其实拥有很多优点，你也并不是你想象中的那么不好。""对呀，这才对嘛。"我听到后很是高兴。

我们又一起掰手腕，我往右边使劲儿，他往左边使劲儿，我们俩一边掰手腕一边重复着我们刚才的一些对话，在掰的过程中我说道："现在僵持不下，我们应该怎么办呢？"然后他就把手松开了，不再使劲儿，他说："老师，我特别感谢你，我明白了不该和自己较劲儿。其实很多事情是我自己没有想开，和您聊完之后，我发现很多事情不是这样的，我没有那么差，我其实拥有特别多的东西，我有很爱我的父母，我还发现我的英语老师没有想象中那么讨厌。"这个孩子讲了很多很多，从一开始把自己说得一无是处，到后面我能看到这个孩子的那一份释然，我觉得特别开心。

我讲这个故事是为了告诉大家，有时候自己和自己的沟通特别重要。如果我们不善于一个人坐在那里把事情想通、想明白，你不妨也找一个像我一样的对象试一下，你会发现如果自己和自己沟通能想明白一些问题，你就能看到不一样的自己，你会有一种释然和柔软、豁达、自由的感觉，你会发现自己的心灵就像飞了起来一样。

有很多中学生、小学生，包括大学生都不太擅长并且很容易忽略的就是这种特殊的人际交往，即自己和自己之间的沟通。而且在互动中我们很容易掉到两个陷阱里去。第一个陷阱是不能客观地认识自己、了解自己，一旦和自己沟通不畅，就容易逃避。比如说打游戏，一个人从早打到晚，再从晚打到早，让自己活在某个游戏或某个构建出来的情景中，它其实并不能帮你解决问题，只是让你逃避问题。第二个陷阱就是我们会深深地自责，遇到困难、挫折、失败，就会否定自己、责怪自己，这是对自己的认知出现了偏差。深深地否定、自责，会使我们越挣扎越痛苦，越痛苦越逃避。

我们做个好玩儿的小游戏，这个游戏的目的就是看一下我们能不能更好地了解自己，准备一张纸、一支笔，在上面写几个问题：世界上所有的动物中，包括天上飞的、地上走的、水里游的，你能想到的各种各样的动物，你最喜欢的动物是哪一个？除了你最喜欢的，你能想到的第二种喜欢的动物是什么？最后选出自己第三种喜欢的动物。它可以是一匹马、一只狼，也可以是一头蓝鲸，可以是各种各样的动物。

一个人静静地把这个答案完成，如果你很诚实地完成了这个小游戏，就不妨审视一下：第一种动物是你渴望成为的人，它是你内心的一种投射，你可以看一下这个动物身上有什么特点是你敬佩的，比如它充满了力量和智慧、勇敢、自信，那么这些特点就是你内心深处期望自己拥有的；你喜欢的第二种动物，它身上所具有的特点其实就是别人眼中的你所具有的特点；第三种动物身上的特点，则更为接近真实的你所具有的特点。这是心理学上的一个小测验，感兴趣的同学不妨自己做一做，也许不是那么的准确，但是它能给你投射一些信息，帮助你更了解自己。

了解、认识自己真的太重要了。我给同学们做个比喻，想象自己开着一辆车往前行驶，到该拐弯的路口，如果继续往前行驶，这个车就会从马路上冲出去掉到一个深深的沟壑里，有可能导致车毁人亡；车往前开 10 米后开始打方向盘是安全的，但是由于对自己和自己的关系认识不清，没有看到真实的距离，等意识到的时候，车已经冲出了马路，然后我们搞不清状况，深深地自责，认为不应该是这样的结果。

　　我们不能掌控太阳的东升西落，我们唯一能掌控的是我们自己。你会发现了解自己、对自己有客观的认识、对自己的判断很准确的人，是很了不起的。

　　以前带着一些孩子去太行山大峡谷玩儿，那里的风景特别美丽，我对孩子们说："我教你们钓鱼吧。"他们很愿意学，但是不大一会儿，孩子们就像屁股上长了钉子似的坐不住，一会儿动一下，一会儿又问我很多问题，想象力极其丰富，还问我会不会从水库里钓出潜水员这类搞笑的问题。我跟他们开玩笑说："咱们比赛试一下有没有办法把你们的注意力焦点完全集中在鱼漂上，完全把注意力集中在鱼漂上的时间是多少。"孩子们都很乐意去尝试、挑战，虽然一开始注意力集中得也不持久，但从一开始的打打闹闹、对怎么吃鱼感兴趣，慢慢地可以做到很长时间不动，很多孩子都能把心沉下来了，注意力就集中在鱼漂上专心地钓鱼了。

再到后来，我发现我带的有些孩子能从早坐到晚。我跟一个孩子说："我们回去吧，明天再来。"这个孩子却说："杨老师，我再钓一会儿。"让我感到更可喜的就是那些原来很浮躁的、静不下心的孩子也慢慢变得沉静下来了。还有一些孩子说："杨老师，我觉得这样的感觉挺好的。"他们坐在那里钓鱼，一个人安安静静的。有个孩子跟我说："杨老师，我刚才钓鱼的时候想明白了一些事，我是怎么看自己的，我是怎么看待一件事情的。"我特别开心，开心的原因是这些孩子在钓鱼这个玩乐的活动中学会了独处，自己能和自己对话了，自己能和自己良性地沟通了。

本章的分享是希望同学们能够学会独处，学会深度思考，学会自己做自己最好的朋友。每天拿出 10 分钟的时间，自己和自己待一会儿，会给你带来很多惊喜，会有很多意想不到的思想涌现，你会发现在这个世界上，你最好的朋友就是你自己，所以，你一定要和自己处好关系，保持良性的沟通，这样才可以使你获得快乐、智慧和力量，也可以让你内心多一些平和，少一些自责和困惑。

想象一下你的脑袋上有个摄像头，这个摄像头每天都对向外边，每天都在了解着外边的世界、外边的人，而学会独处就是让你把摄像头对着自己，就像常见的自拍，把镜头对着自己一拍，一看照片，嗯？怎么长得像王二麻子？我们就开个美颜功能，也可以在眼睛上装一个美颜功能，看一下自己最好的那一面，看一下你渴望成为什么样的人。

我们也要知道真实的自己是什么样的，当足够了解自己的时候，你会发现你才智惊人。假如你的目标是要上清华大学，那么前提不是你对清华大学有多了解，而是你对自己有多了解，自己和自己保持顺畅的沟通，你就会去探索、执行自己各种各样的可能性。不是没有能力，不是定的目标执行不了，不是总做不到，真实的原因是我们还不够了解自己，还不知道自己究竟有多好，不知道自己有多大的潜能，不知道自己和自己顺畅相处会是那么的美妙。

当自己和自己不拧巴了，那么你和外在世界就不拧巴了；当你能说服自己一往无前了，那么你在外在世界表现得也就一往无前了。学会独处，这是每一个大、中、小学生可能都需要去学的很重要的一个本领，可以从 5 分钟、10 分钟、20 分钟开始慢慢地练习，如果条件允许的话，也可以尝试去钓鱼，试着让自己的注意力焦点集中在鱼漂上，总之就是要一点一滴地学习怎样独处、怎样与自己良性沟通。

各位同学，请学会独处，不断地探求自己身上的秘密吧！

第十一章

CHAPTER

向拖延说 "不"

　　只要你自己不在精神上奴役自己，不把自己
当奴隶，其实是没有人可以控制你的。如果你不
去主动地改变自己被动的、被奴役的角色，那么
即使有一天没有人再管你了，你的内心依然无法
获得实质性的自由，你将继续沉浸在非自由人的
角色里，延续着拖延被动的行为。

拖延，给很多同学造成了很大的困扰，他们困在这样的状态里往往苦不堪言。

如果把拖延比作"毒液"，我们就好似宿主，拖延寄宿在我们的身体里，虽然心里知道不能再这样拖延下去，继续拖延会带来不好的后果，但我们的行为依然不会有丝毫的改变，依然会延时。比如写作业，总是拖到最后才写，即使心里明白要改变自己拖延的习惯，但我们依然会不断地拖延，我们所表现出来的行为就好像被另外一个声音所操控着，让人无可奈何。

我在学生时代也一直被拖延困扰，我常常会做一大堆的计划，但每次都不会按照计划执行，我总是到最后紧要关头时边着急、边恨自己、边赶作业，关键是这事情过去了，我依然是老样子，把很多事情拖到最后，直到拖无可拖、退无可退。学生时代结束后，这种情况又一直困扰着我的工作和生活，我特别想结束这种状态，也特别羡慕那些做事果断、雷厉风行、知行合一的人。

那么怎样解决这个问题呢？我有了多一些的观察和思考，也试着来解决自己的问题，下面我就和各位同学们分享一下自己的心得。

在解决拖延的问题上，我的第一个老师是一个高中一年级的孩子，那个孩子的父母就拖延的问题向我做过

以成长为目标的人生：献给亲爱的孩子

咨询。经了解，我得知那个孩子去上课时总是要么踩点、要么迟到几分钟，他们尝试给孩子定下很多规矩，但是效果都不好，而且这种现象持续了好几年，父母实在没有更好的办法了。

我当时就和这位妈妈讲，她可能找错解决问题的对象了，因为我也拖延，我在解决孩子的问题时，其实也在解决我自己的问题，我们可以共同去观察问题、解决问题，这位妈妈听完后感觉很崩溃。我和那个孩子很熟悉，他告诉我他也不清楚自己为什么会这样，有时候还特别讨厌自己的拖延行为，但每次都是磨磨蹭蹭到最后，非要等到最后一刻才往学校走。

针对这个问题，我当时并没有帮到那个孩子，大概过了一年半左右，这个孩子的妈妈给我打了一个电话，说她儿子的拖延行为解决了，对此我特别好奇。这个妈妈说有一段时间，孩子爸爸的身体不舒服住院了，他们就把孩子带到了医院，爸爸拉着孩子的手说："儿子，爸爸以后可能没有办法督促你了，如果爸爸的病情特别严重，你就要学会自己解决自己的问题了，爸爸不希望看到你一次又一次地被老师责备，老师批评你我会很难过，爸爸唯一的心愿就是希望你能照顾好自己，不受伤害。"孩子很不解，忙问原因。爸爸说他可能得了癌症……这位妈妈说真的很神奇，经过这件事以后，孩子做任何事都不拖延了，而且开始变得积极主动了，仿佛一夜之间长大了一样。

那个孩子上高三时，他的班主任邀请我去他们班做一次分享。我见到这个孩子后问他是否还有拖延行为，他说再也不拖延了，他也不知道为什么就奇迹般的好了。我问他的爸爸身体怎么样，他说爸爸后来病愈出院了。我们在聊天的时候，孩子说："我的爸爸是一个计划性和执行力都很强的人，过去爸爸会经常地督促我，我就像一个木偶一样，被他们掌控着，但在医院听完爸爸给我说的那番话后，就好像有人在我耳边说'孩子，你自由了，以后没有人控制你了，你完全自由了'，虽然当时爸爸生病了，我真的很难过，但在某一个瞬间，我觉得自由的感觉真好。"

这个事情给了我很大的启发，尤其是孩子讲的那番话，他让我想到了古代的奴隶被要求去努力工作的时候，他们的那种工作状态也完全是被动的，他们也会想着能拖就拖，有时候还会处于高压、皮鞭这样严酷的环境下，整个生命状态都是消极被动的。

400 年前，有一个人做了一个大胆的猜测，他说金字塔不是由奴隶建造的，它是由一群快乐的自由人建造的。金字塔是被 30 万奴隶建造的，这是经过权威论证的，但这个年轻人——布克，却认为金字塔绝不是由奴隶建造的，因为金字塔的结构十分精密，奴隶不可能完成得这么完美，所以他做了一个自己的推断。当时很多人嘲笑他肯定是疯了，但是他的推论在 2002 年被埃及最高考古委员会通过了新的科学论证，考古委员会对金字塔周围的 600 座古墓挖掘考证，最后给出了一个新的结论——金字塔不是由奴隶建造的，因为有确切的史料可以证明金字塔是由手工业主、农民等这样的一群自由人建造的。

于是就有人好奇，400 年前的布克没有进行过考古论证，他是怎么推断出金字塔不是由奴隶建造的呢？后来，有人对布克的生平进行了研究，发现布克其实是一个钟表匠，他在制作钟表的过程中，需要完成很多套工序，里面的每一套工序又有很多的零件，这些零件需要进行极其精密的组装，而布克制作的钟表正常的时间误差不超过 1/100 秒，这是他非常轻松就能控制的误差率。

布克有过一次被捕的经历，监狱里边的狱卒得知布克是个非常优秀的钟表匠后，就逼着他在监狱里制作钟表。布克特别想发挥出自己的正常水平制造出日误差率不高于 1/100 秒的手表，但是无论怎么努力，他发现他甚至都没有办法制作出日误差率低于 1/10 秒的手表。后来，布克从监狱里出来，身处比监狱生活更恶劣的环境，但他不知道怎么回事，神奇地就恢复了自己之前的能力，他又可以再次轻松地制作出日误差率低于 1/100 秒的手表。布克有过这样的经历后，他发现影响制作钟表的精密度的，不是环境的恶劣程度，而是制造者的心情，因为他在监狱里时是被控制着、被逼迫着干活的，整个人处于心情低落的状态。他还发现其实制作钟表和主观努力并没有太大的关系。所以他通过自己的这段经历，做出了一个石破天惊的推论——金字塔不是由奴隶建造的。

一个拖延的孩子在某种程度上，他的精神自由度是不够的，比如说，父母、老师等每天都在逼迫他们，说"你应该干这个，不应该干那个"，他们的时间是不自由的，他们的人也是不自由的，他们的心情也很糟糕，甚至很自责，似乎所有的东西都在向他们施压，说："你应该服从我！你应该听我的！你应该干活！"由此他们产生了一种消极对抗的心理——拖延。

把学习比喻成布克制作钟表，我们怎么努力学习都没有成效是怎么回事呢？是因为学习也是一个绝对额，它和制作手表一样是一件对精密度要求极高的事情；如果把学习比喻成金字塔的话，我们要想建成我们学习的金字塔，那么一个被动的、感受到被奴役的、时间被掌控的、心情低落的、不自由的人是绝对没有办法建造出来一个漂亮的学习金字塔的。

受这个故事的启发，我又观察了我的儿子，他在学习、做事方面是我的楷模，因为他从来不拖延。于是，我就在想他是怎么做到的。后来我明白了，因为我们从来没有管过他写作业，在儿子的学习世界里，他是一个自由人，没有人充当监狱长去剥夺他的自由，他写作业也好，不写作业也罢，总之有一点，他是自由的，他有大把大把的时间归自己掌控。

我又观察了很多学生，他们有的已经从高中升入了大学，但我发现依然有很多人在拖延，于是我就和他们聊这个事情："为什么你们的父母现在已经不管你们了，这种拖延问题还在你们身上延续呢？"后来我想明白了，过去是我们的父母，也可能是老师在管我们，我们在精神上是不自由的；当一张大学的录取通知书给到你，你可以自由飞翔了，并被告知没有人掌控你的时间和行为了，也没有人催促你了，但是很多大学生似乎已经习惯了融入骨髓的被管教的习性。更悲哀的是，有些学生开始自己充当自己的监狱长，努力地控制自己，却还是无法摆脱拖延。我有一段时间想要去克服自己的拖延，我用了一个自己觉得挺神奇的小办法供大家参考。我在本子上、在我的工作台上写上"我自由了吗？我是一个快乐的自由人吗？"这样一句话来时刻提醒自己："现在没有人管你了，没有人强迫你做这个、做那个了，你还在对自己进行精神控制吗？你现在自由了？"

同学们，只有当你真正自由了，你才能开始自己对自己的人生负责任。其实从来没有人可以真正控制你，如果你不去主动地改变自己被动的角色，那么即使有一天没有人管你了，你的内心也不会获得真正的自由。

自由是需要有筹码的，自由的代价是责任，责任不是一种控制，责任是你和你的人生之间的关联，就像鲁迅先生说的"无穷的远方，无数的人们，都和我有关"。如果你看不见无穷的远方，也看不到那无数的人们，那么你眼前的课本、作业就是和你有关的，这就是你的责任，你和它们有联系，所以这就是自由的代价。

"穷人家的孩子早当家"，同学们应该都听说过这句话，这些孩子的父母没有能力去管他们，无论是做家务，还是照顾有残疾的父母、病弱的老人，这是很多孩子从小都要面对的功课。这样的孩子，其实他们的精神形态是一种自由的状态。如果各位同学想试一试的话，你不妨在你的语文、数学、物理、历史、地理、政治等这些书本上，或者在你的书桌前写上两句话：第一句是"我是自由的吗？"第二句是"自由的代价是责任。"

最后，我推荐各位同学看一本书，奥地利心理学家维克多·弗兰克尔写的《活出生命的意义》，我相信你可以深刻地理解自由、责任与自我超越，这是我迄今了解到的向拖延说"不"的终极办法。你可以给自己设定一个仪式感，每隔一段时间问一问自己："我自由了吗？"提醒自己自由、责任和自我超越的关系，那么你很快就会有能力和底气去向拖延说"不"。

第十二章

想要与需要

如果我们满脑袋想的都是"我不想要什么，但不知道我想要什么"，这其实是借由我们不想要什么，回避我们想要而需要承担的责任。

想要与需要，这个话题是两个孩子向我提出来的。我曾经问过几个同龄的孩子，因为什么样的话题而迷茫过。一个小男孩告诉我，他经常不知道自己想要什么，自己需要什么。

　　这个男孩第一次讲的时候我还不太在意，但之后我想了一下，感觉这句话的背后有内容、有话题，然后我就把它放在心上了。后来有个特别热心的女孩经常帮助我准备歌曲，协助我的工作，她向我提了一个问题："现在很多人不知道自己想要什么和需要什么，您有没有觉得人想要什么和需要什么是有区别的？"我听到女孩讲这个问题的时候，心头一震。我感觉他们两个说的话对我的启发很大。她说完之后，我的脑海里面闪现出董进宇博士演讲时的画面：他坐在家长训练营的讲台上，经常挥着拳头问家长们一句话——你们究竟想要什么呢？

　　我曾经听董进宇博士分享过他的一件事情，他的弟弟在一个高校做博士生导师，弟弟的同事想做副主任，正好副主任的位置有空缺，那个同事请主任吃饭的时候，两个人因为一个学术问题争论了起来，接着又因为学术观点不一致，在饭店里打了起来。董进宇博士的弟弟就对董进宇博士说："哥，你看我这个同事傻不傻，本来以吃饭为媒介来讨论这个副主任位置的问题，但吃着吃着，他忘了自己

以成长为目标的人生：献给亲爱的孩子

是来争取副主任位置的，最后竟因为学术观点不和和主任打起了架。"

一个男生说："我想考复旦大学，我需要干什么？我想要复旦大学的录取通知书，可是我需要干什么才能得到呢？"有些时候我们会忘了自己的初衷，我们很多孩子也会有这样的困扰，也容易掉进这样的陷阱里去。那个协助我工作的女孩想表达的是什么呢？她表达的是："我知道我想要什么，比如说我想跟我的父母搞好关系，但是我做的事情往往跟我想要的东西背道而驰。"其实，产生这样的结果，一是因为忘了来时的目的，二是忘了去时的路。

有个家长在电梯里问董进宇博士："董老师，我想要跟我的孩子好好说话，能够进行良性的沟通。"然后董进宇博士说："你确定？"那个妈妈说她确定，然后董博士就说了4个字——调正关系。

这些画面叠加在一起，促成了我对这个话题的思考——想要和需要。这是一个不仅对中学生、小学生，甚至对成年人来说都是一个非常有意义的话题。有个妈妈跟我说了一件比较搞笑的事情，她儿子有一次拿着手机上厕所，在厕所里蹲了一会儿，抱着手机又出来了。她责备儿子去厕所还抱着手机，就不能把手机放下来歇会儿。她儿子看了她一眼，一拍腿说他忘了重要的事儿——忘蹲厕所了！他的妈妈对他说："你看你玩手机玩得都忘了正事儿，跑厕所一圈又跑出来了。"他妈妈说的时候一点都不搞笑，但我听完却乐坏了。

我们在学习和生活当中经常会发生这样的事情，有时候只是听一听、笑一笑，但其实仔细一想，这个事情还有很深层次的理解。我做一个假设，比如我们身处一片森林，想要穿越这片森林，到达一个目的地。在这个假设中我们想要什么？我们想要穿越这片森林到达一个目的地。森林之外的目的地有一片草原，那里有肥美的牛羊，有甘甜的泉水，有载歌载舞的人们，有幸福的生活。但是我们现在就在一片黑压压的森林里，我们需要干些什么呢？需要找准方向，找到合适的路径，才能到达目的地。

再比如说我们站在河畔的一岸，在河的对面有一个朋友在向你招手，你看着你的朋友，你就在想怎么渡过这条河。首先你需要找到一条船，如果没有船，你能游泳过去吗？或者有座桥也能过去，你需要找到过河的方式。这就表明了我们"想要"和"需要"的一致性，它们内在的逻辑是一致的。

在学生时代，如果我们能弄明白自己想要什么和需要什么，能保持"想要"和"需要"内在逻辑的一致，能在现实生活和学习中保持清晰的头脑，就一定会成为优秀、杰出的人。

多年前,河南师范大学附属中学的一个初中二年级的男生,在河南郑州参加董进宇博士的中学生训练营。我当时在会场门口负责守门,一下课那个男孩就出来对我说:"杨老师,我太兴奋了,董博士讲的学习方法绝对是可以让人拿到第一名的方法。"我很少见到学生出来之后便兴奋地说这样的学习方法可以考第一名,所以我就拉着他问为什么会这么说,他说:"杨老师,董博士的学习方法太好了,在实践层面上真的可以提高成绩。"我问他这次来这里的目的是什么,他说:"实话实说,董博士前面讲的那些并不是我的目的,感恩是人生的大修养、时间管理、目标管理、如何交良性的朋友、早恋问题的碰撞,以及人际关系的黄金定律等这些都不是我最关心的,我和我的妈妈也讲了,这次来我就是为了提升学习成绩的,因为我没有什么好的学习方法,所以就是冲着董博士的学习方法来的。"

通过他的这些话,你能看到这个孩子想提升自己的学习成绩,想考第一名。他需要什么呢?他需要的是更高效的学习方法,在他的脑袋里面,自己想要的和需要的是绝对清晰、绝对一致的。他当时的成绩是全年级前十名,但是他想要继续提升自己。

同学们可以去观察一下身边的人,去问他们想要什么，再问他们完成这些事情需要做什么，你可以思考一下他们想要的和需要的是否逻辑一致。

学习是人的基本需求，它对于内在的精神而言，就像食物之于肉体一样不可缺少。如果不让我们学习，这个需求就会得不到满足，从而使我们感受到巨大的饥饿感，这是精神上的饥饿感和空虚感。就算不学习数学、语文、物理、化学等，不学习学校里的内容，我们也会百分百地去学习一些别的东西，因为人必须学习。

想象自己在一个空间里，你感到很饿，想要吃东西，那么你需要干什么呢？你需要找到食物，才能解决你的需求，那么我们就需要围绕"想吃东西，寻找食物"展开思维。你到处找吃的，但忽然发现这里有一部手机，然后你就拿着手机，饿着肚子玩手机。你现在需要一桌美食，需要饱餐一顿，你要找的不应该是手机，你需要做什么？

再举一个例子：你走在沙漠里，特别渴，找水的时候发现沙漠里有一部手机，而且是满格电，那么你会不会顶着炎炎烈日，忍着口干舌燥坐在沙漠里玩手机呢？我估计没有人会这么做。为什么呢？很简单，因为你再找不到水，你的生命就会受到威胁。从生理层面来讲，大家都知道想要喝水，需要去寻找水源解渴，否则就会渴死在沙漠里。

我们把它还原到人的精神空间里，如果把学习比喻成水和食物，我现在饥渴难耐，需要解渴充饥，但在现实生活里，我们给精神喂养的食物不只是在学校里学的数学、语文、物理、化学、历史、地理、政治……"精神食粮"是你在自己的人生沙漠里继续往前走的必需品，如果在沙漠里捡了一部手机，并坐在那里开始玩儿，你会发现5年、10年过去了，你只是保持着人的肉体特征苟活而已，你内心的"精神人"早已饿死、渴死在沙漠里了。

无论成年人还是孩子，有很多人都很难听到内在"精神人"的呼唤。我们需要对自己补充肉体的食粮，也需要供给精神的食粮，只有这样，我们身体里的"精神人"才能茁壮成长，才能变得越来越有力量，才能活得快乐、幸福，你身体里的"精神人"想要的愿望才能实现。我不知道大家闭着眼睛能不能感受到自己身体里"精神人"的呼唤，如果他在喊"我需要喝水"，而你却拿着一部手机在玩儿，玩了一个月之后，你会发现你身体里的"精神人"会感觉更加空虚、寂寞、无聊，甚至虚弱。夜深人静的时候，你再次听到来自心灵深处的"精神人"的呼唤，他说他饥渴难耐，你听见后突然醒来，却开始玩起了电脑，随着时间的推移，那个"精神人"更加空虚、饥饿。你会想你的"饥饿感"是从哪里来的呢？你怎么这么"饥饿"，这么"空虚"

呢？其实这种挫败感、空虚感就是"精神人"饥饿、口渴的信号。他需要在知识里去喝水、去吃饭，因为知识是"精神人"的食物。

有些孩子会问我玩手机为什么会上瘾？为什么越玩儿越戒不了？我说这叫饮鸩止渴。他想要吃饭喝水，我们经过判断，给了他一堆有害的垃圾食品让他吃，给了他一杯咸盐水让他解渴，结果不言而喻，这一切都是因为我们没有弄明白他真正需要什么。

通过上面说的那些，对于第一类学生，想要学习好，需要找到让成绩不断往上提升的方法；想要专注，就需要解决产生不专注缘由的问题；想要考复旦大学，就要知道考到复旦大学需要多少分，思考需要怎么做才能拿到复旦大学的录取通知书……我清清楚楚地知道我想要什么，然后我明白需要怎么做才能得到我想要的。如果我们是这一类人，那我们必然优秀。

对于第二类学生，他们做到的是"我需要的不是围绕我想要的目的进行构建的"。这类学生常常需要做的事情没做，甚至做的事情跟想要的结果背道而驰，然后就开始找借口，"并不是我不想考大学，并不是我不想考第一名，并不是我不想进步，而是我就是个笨蛋，我就不是学习的材料，条条大路通罗马，知识学不会，我就走另外一条路"等，他们总能找出来一种解释，以逃避责任，求得心理平衡，降低需求，然后平平凡凡地过一生。

我想要什么？我想要把数学学好，我需要干什么？我需要训练自己的理科思维，而写作业的过程就是在不断地训练我的理科思维；我需要看一下数学家是怎么思考的，我需要找些名人传记，了解和学习这些优秀的人。我想把英语学好，我需要去大声朗读，不断地刺激自己的语言神经，让自己语言神经的敏感性越来越强，从而轻松愉快地把英语学会。但如果上述的这一切你没有努力去做，只是一味地找一堆理由来解释自己为什么平庸，那么你想要得到的和你需要做的，它们的内在逻辑就会不一致，最终无法达到你预期的目的。

还有一类情况，也是需要我们警惕的。有个孩子来找我做咨询，他讲了很多，如父母对他态度不好，他跟物理老师产生了矛盾……他说这些都不是他想要的，于是我问他想要什么，那个学生却说不出来。最后可能是他没能善意地理解我，或者我给孩子传递的感觉不对，他看着我说了一句："我想要天天玩游戏。"我对他说："这好办，但你确定这真是你想要的吗？不带赌气的，孩子，我知道你来找杨老师是解决问题的。如果你想要玩游戏，并且确定这就是你真正想要的，你就把你的父母解放了，也把杨老师解放了。因为你这个要求太简单了，只要给你一部手机、一台电脑就好了。但是你要对你的行为负责，那就意味着你一天天要长大，你将来要成家立业、结婚生子，玩到 18 岁你可能需要去找工作养活自己。如果确定的话，你可以跟你的爸妈讲一下，你也不用痛苦了。"他想了一会儿说："其实这个不是我想要的，但我想来想去，真的不知道我想要的是什么。"于是我问他想成为什么样的人，想过什么样的生活，因为我必须知道他到底想要什么，我才能知道怎么去满足他的需要，知道他现在到底需要干什么。

类似的情况也出现在很多成年人的身上。我很少问孩子这样的问题，却问过百余位成年人。孩子们的父母来找我做咨询说他们不想让孩子玩手机，不想让孩子对他们出言不逊……这时我往往就会问他们想要什么。父母们说他们想要的就是不要让孩子玩手机了，我不禁反问："你确定？你确定你想要的只是让他不玩手机了？难道这就是你想要的吗？如果这个真的是你想要的，那就太好办了，这个事情就太简单了！"

在我与他们深入交流之后，我惊讶地发现很多人并不知道他们到底想要什么。这其实是一种潜意识故意。什么意思呢？我们是借由不想要什么，进而去回避我需要承担

以成长为目标的人生：献给亲爱的孩子

什么责任。比如有孩子说自己就是不想学好，从而去回避写作业的需要和学习的责任。

举个在现实生活中的例子。比如我看上了一件衣服，这件衣服 2000 元钱，我特别喜欢。可是，我走到售货员面前，却指着这件衣服说："我不喜欢你们这个衣服的款式，这件衣服的颜色不好看，质量也不好，你看这做工也有点问题。"我为什么会这样说呢？因为我一摸，口袋里只有 500 元钱，我的钱不够，没办法买。但是我有自尊，即使我内心里很渴望得到那件衣服，但我依然要说我不喜欢那件衣服。若你经常这样说，那么你的口袋里就很难富裕起来，如果把你的脑袋比喻成口袋，你的脑袋注定贫穷。

我想要考前十名，假设班级前十名是一件 2000 元钱的衣服，年级前十名是一件 1 万元钱的衣服，而我现在的实际情况是只有 500 元钱。如果想要这么华丽的衣服，那么我现在要做的是思考我需要做什么，我要考虑的是如何提升我的价值，如何再得到 1500 元钱；如果要考全校前十名，它就是价值 1 万元钱的梦想，那么我要考虑的是这9500 元钱怎么得到——我需要把学习成绩提上去。董进宇博士讲过影响我们学习成绩的 8 大原因，我需要去降低干扰因素，改善学习方法，管理好自己的精力和时间等，补足这个差价，以获得我想要的东西。

你可能会说如果去做别的事情不是也能挣到钱吗？比如你说去打游戏赚钱，这也有可能实现华丽的梦想，为什么非得学习、考大学呢？为什么非得考前十名？我还可以买路边货，可以走非主流的成长路线，可以到工地上打工，说不定将来有机会当个包工头，不是也可以吗？不是也能实现梦想吗？同学们，但凡这么讲话的，都是"酸溜溜"的人，路边货能和正版的一模一样吗？我们只是借由一种潜意识故意逃避实现梦想所要承担的责任。

对于第一类人来说，我想要买一件 2000 元钱的衣服，那么我就需要储备 2000 元钱，进而去获得一件 2000 元钱的衣服。对于第二类人来说，我想要获得一件 2000 元钱的衣服，我需要去获得 2000 元钱，但是我误以为自己辛辛苦苦得来的卫生纸是我们需要的金币，然后走到售货员面前，说："这是 2000 元钱，衣服我买了。"售货员看你弄了一堆卫生纸，表示不要这个。你却说："这不就是你想要的吗？把衣服给我！"对于第三类人来说，我想要买一件 2000 元钱的衣服，我内心是渴望的，但有一种潜意识故意在跟我说我就不想要这个。比如我不想考到那个高中，我不想获得一件 2000 元钱的华丽衣服，我就不想要……我借由我的不想要，从而回避我需要挣 2000 元钱的责任，

142

以及为此所付出的一切。

　　同学们，讲到这里，你会得到什么样的启发呢？你又会成为哪一类人呢？你是否能找到解决现实困扰的一个方向？能否找到我之所以优秀和我之所以平庸的内在联系？一旦你想明白这些了，那么你想不优秀都难！

第十三章

解忧杂货店

在解忧杂货店里，你有什么样的人生烦恼，有什么样的愿望，你想走出一条怎样的人生轨迹，你是完全可以掌控的。你过去积累的"货物"都存在这里，在未来的日子里，你想进什么样的"货物"，也都由你说了算！

本章的话题很有意思，这个话题也许是在同学们这个年龄并没有思考过的。

不管你是几年级，你有没有发现一件很有意思的事：一个班的同学，都是同一个老师教的，接受的都是一样的教育，但在 10 年或者 20 年之后所从事的却是不同的职业：有的人是公务员、警察，也有的人成了科学家、律师，还有的人当了教师、医生……在同样的学校里学习，由同样的老师教导，未来的职业却不一样。如果是因为大家来自不同的家庭，那么可以设想一下，如果一个家庭里有 9 个孩子，这 9 个孩子将来在一家单位上班，有着相同的兴趣爱好的可能性有多大？

有一句话叫"龙生九子，子子不同"，即使是同一对父母，他们养出来的孩子，走的也可能是不同的人生轨迹。通过这件事情，我们会发现在成长的过程中，每个人走出来的不同轨迹，其实是由一个又一个的选择形成的，我们几乎每一天都在判断、选择。无数个选择组成了我们的人生轨迹，就像我们所处的城市，会有多少个十字路口需要进行选择呢？

给大家这样一个环境，把走的每一段路，比喻成人生的轨迹。比如我们来到了一个陌生的城市，对这个城市一无所知，刚开始一群人沿着同一条路往前走，但是走到一个路口时，是往前走，还是往右、往左走，每个人的想法都不一样，这就像是你人生轨迹的抉择。有的人往右走了，但是你认为应该往前走，到了下个路口又有人往左走了，但是你认为应该往右走……每个人在不同的路口会有不同的判断，也都基于自己的判断在做不同的选择。

有的人走着走着走到了图书馆，最后成了博学的哲学家；有的人走着走着走到了科技馆，最后成了科学家；有的人走到了一家企业，最后成了企业家；有的人走到了这个城市的政府里，最后成了官员……大家走到了不同的地方，有了不同的归宿。只有掌握好自己的选择，才能走出心随我愿的人生轨迹。

我为什么选择向右走呢？我是怎么做出一个又一个的判断呢？依据是什么？如果你愿意继续往下思考的话，你将对你的人生越来越有掌握感。有一个叫约翰·洛克的人，写了一本特别伟大的书叫作《人类理解论》，这本书特别有价值的地方就在于他向我们揭示了人是靠自己的认知而做出了自己的选择。杜威讲了一句话，他说人类认知的范围超不过他经验的范围。你经历过美好，你会更愿意选择和美好的人一起走；你经历过挑剔，你会忍不住去指责、挑剔别人。我们会根据自己经历的各种事件形成的各种经验做出选择，而做出的每一个判断、每一个选择会更符合自己的感受和想法。

　　我的生日是阴历的九月份，在办二代身份证写出生日期的时候，我问工作人员是否可以写阳历生日，他表示可以，于是我就往后推迟了一个月，写的是10月份。当时我也不知道我为什么要把自己的出生日期推迟一个月，后来我总是想起这件事情，我很疑惑为什么我要推迟一个月，而不是保持在9月份或者提前一个月呢？我想着想着就想到了我爷爷和我爸爸的一番对话。我爷爷说他们有一茬人到了退休年龄，晚一个月退休的人，就能享受新的退休工资标准，每个月多拿1000元钱，如果早一个月到了年龄不得不退休，那就享受不了新的退休工资标准。我看着爸爸和爷爷替别人遗憾无奈的表情，我也替别人感到遗憾。这件事情已经是很多年之前的事了，如果我不去刻意地在记忆里搜索它，如果不是我要想明白人是怎么做的选择，也许我这辈子都不会再想起这件事情。

　　它让我突然发现，人在成长的过程中，很多的选择是无意识的，而不是刻意地深思熟虑后做出来的选择。我们几乎每一天都要做无数个选择，大多数都是无意识的选择，而我们就寻着这样的轨迹，一直向前走。

　　有时候我们似乎触碰到了上帝的手，我做这个比喻，同学们或许能够隐隐约约感觉到，其实有时我们似乎可以掌控和主宰自己的命运。那到底怎么样才能够做出更加有利于自己的选择呢？日本有一个推理作家叫东野圭吾，他写了一本书叫作《解忧杂货店》，如果大家有兴趣可以看一看。这本书给我的启发非常大，因为人类最沮丧的事就是事与愿违，我们走着走着，没有成为我们当初最想成为的人，比如本来自己想成为医生，最后却当了解放军。

事与愿违，这是人类最苦恼的一件事。无论你是主动选择还是被动选择，还是不做选择、随波逐流，即使你不做任何选择，这也是你做的一种选择，这背后都有我们的经验。早期经历的某些事件、获得的某些信息，甚至已经被我们遗忘的东西，都在无形中左右着我们的感受、判断和选择，就像看不见的手一样指引着我们。当我们触摸到这只看不见的手的时候，我们就像触摸到了上帝的手，这是让我们瞬间产生掌握感的一个发现。东野圭吾的这本书解决了我接下来给大家分享的一个困扰，下面我们就来探讨一下应该如何选择我们想要的人生。

《解忧杂货店》里面东野圭吾想到了一个很有意思的情景，他说各种各样的人有各种各样的烦恼，有那么一个杂货店，里面有一个老人，那些有烦恼的人会把自己的烦恼写在一张纸条上，然后从杂货店后面的帘子放进去，第二天就会在杂货店前面的牛奶箱里出现解决烦恼的答案，这个答案会非常准确，在未来的日子里会被应验。

用"解忧杂货店"来比喻人是如何做出选择，又是如何改变选择的话，那么我们每一个人都有一个杂货店，想象一下这个杂货店就是你的，里面有可乐、啤酒、火腿肠、篮球等各种各样的东西，把这些东西比喻成你早期经历过的经验，它们都堆积在这个杂货店里。

你经历过的所有的挫折、挑剔、赞美、肯定等，都会储存在你人生的杂货店里，你带着这个杂货店来到了一个十字路口，如果你早期经历了更多的挫败感，得不到别人的赞赏，无论做什么都做不好，那么基本就可以判断，你百分百会往左走，因为挫败感的经验会给你累积成一种感觉，"我往左走更安全，因为我早期由于失败被人指责过，被人否定过"；如果你早期在老师提出问题之后，总是第一个举手，你做事情经常会被人肯定、赞赏，那么你会选择走一条勇敢者走的路，会选择继续往前走。

同学们可以去检查一下自己的杂货店里都储备了什么样的"货物"，你可以把你能想象到的一些人生经历，无论是好的还是坏的，都找一张纸罗列一下，通过这些东西，你就可以大致判断出，你为什么这样选择而不那样选择了。

有时候也可以根据我们和别人互动的经验，知道这

以成长为目标的人生：献给亲爱的孩子

个人可能在某些事情上会做出什么样的选择。我小时候有一个邻居，他家的孩子经常去我家厨房偷吃我家准备好的馍片和红薯，爱拿我家的东西，所以我对他的印象就是爱占便宜。出于小孩子的心理，我就想报复他一下。有一次我们在土堆上一起玩，我突然憋不住了想上厕所，但又不想往家里跑，于是就在土堆上刨了一个坑，然后拉完便便用土埋上，就在埋上的一瞬间，我灵机一动，一个坏主意出现了。我在埋便便的坑上插了一个小木棒，又在旁边刨了一个坑埋进去 5 分钱，也插了一个小木棒。我就把他喊过来，说我在那个地方挖出来了 5 分钱，我给他晃了晃我手里的另一个 5 分钱，凭我对他的认识，他一定会去挖，然后我俩就来到了这个土堆面前。本来他还有点怀疑，我就把埋 5 分钱的那个坑挖了，我说："看到了吗？没骗你，插木棒的地方有钱！"我话音未落，他就扑到了另一个插木棒的地方，说："这是我的，你不许跟我抢！"说完之后他就快速地挖起来了，生怕被抢走了，结果就是钱没挖到，挖到了一坨屎，然后他举着粘了便便的手哭着回家了。这就是我们根据自己杂货店里放的"货物"，来做出的判断和选择。

同学们，如果你想要改变你以后的人生轨迹，那么机会来了，因为你是可以选择以后在你的杂货店里储存什么样的"货物"的。比如我过去经历了很多挫败感,我的杂货店里就储存了很多叫自卑的货物,它都是由我经历的挫败感累积起来的。这些货物经常影响我做出判断与选择,但是我在未来的日子里,可以去不断地尝试累积胜任感,比如我数学现在是倒数第一名,老师讲的我听不懂,没关系,我可以自己慢慢学,从最简单的开始学,不断累积胜任感。当我从最简单的事情开始做的时候,我觉得我多了很多自信,我在一点一点地进步。让自己保持这样的胜任感去不断累积更多的胜任感,在我们擅长或不擅长的领域,不断地胜任,不断地进步。

以前我在自己的杂货店里累积了写作业的为难情绪,我总是在写完作业后发出一声叹息,是终于写完的那种解脱。如果你想累积写作业的美好感觉,就要有意识地做出选择,你可以写完作业之后说一声:"yes!太棒了!"如果你不够有热情,没关系,有一篇叫作《唤醒爱心》的文章,这是中学生训练营教材上的一篇文章,你可以在网上搜索一下,你把这篇《唤醒爱心》的文章每天朗读3遍,几个月以后,你将会成为一个特别有热情、有活力的人。

在解忧杂货店里,你有什么样的人生烦恼,有什么样的愿望,你想走出一条什么样的人生轨迹,你是完全可以掌控的。你过去累积的"货物"、过去的经验已经被存储在

以成长为目标的人生:献给亲爱的孩子

这里了，如果你现在想做出更积极、更有力量、更明智的判断和选择，那么，此时此刻你就要选择给你的杂货店里存储什么样的"货物"，你想存储更多的热情还是无力感？你存储进来的"货物"是挑剔、指责还是肯定、赞赏？是尊重、平等、傲慢、歧视？在未来的日子里，你想存储进来什么样的"货物"，其实都是由你说了算！

　　各位同学，好好经营、打理自己的解忧杂货店吧，希望你们可以掌控自己的命运，做出正确的选择，活出自己想要的人生。

第
十
四
章

CHAPTER

难与易

　　强与弱、轻与重、难与易都是一种相对的
感受，这种感受是可以通过我们有意识地尝试和
在体验的过程中发生改变的。

在正式展开这个话题之前，我想先问大家一个问题："你认为学习是一件很困难的事情还是一件很容易的事情？"有部分同学感觉学习挺容易的，他们很轻松地就能完成相应的学习任务，但也有一些同学觉得学习非常难，或者是觉得某个科目学习起来非常难。

或许你会说"会者不难，难者不会"，如果成绩好、基础好，就会觉得学习是一件很容易的事；如果基础不好、成绩不好，就会觉得学习是一件很难的事。这种观念和感受对吗？我们试着提出质疑，来谈一谈学习的难与易。

我们将在实践和方法的层面做一些尝试，也许就能走出一条与众不同的路，来解决学习中难与易之间的较量问题。我们有时候觉得数学难，有时候觉得英语难，我们会在某个阶段觉得某个科目难。所以我们此次探讨的价值就在于：无论我们学什么，处于哪个阶段，也许都能走出一条更容易的学习道路。

难和易是一个相对概念，我们不妨从推铅球说起。我经历过这样一件事，有一帮初中男生对打篮球很感兴趣，但是他们的三分球总是投不到位，他们把原因归结于自己的力量不够。有一次，我答应陪他们打一次篮球，帮他们看一下到底是不是因为力量不够导致的三分球投不到位。我带他们来到我们学校的篮球场，并提前准备了两样东西——篮球和铅球。刚开始，我让这些孩子们试着投三分球，他们几次尝试后，我发现有很多孩子的动作变形了，有的根本不沾篮筐，而且大家投球的时候都多少有点恐惧，就觉得自己投不过去。他们做了一些尝试之后，就问我怎样能很准地投进三分球。我说我可以教他们一种方法，能把三分球投得很轻松，而且保证动作不变形。我给他们解释道："你们要想投好三分球，就不能一直站在三分球的临界线的位置一次又一次地尝试，尝试多次以后，你就会深深地怀疑自己，怀疑自己力量不够，并认为这是一件非常困难的事。"

我带着他们离开三分线，去到学校操场的铅球场地教他们推铅球，但并不强求推多远，只是让他们体会那种把铅球推出去时的抖腕、拨指的感觉。使用的铅球重量是 7.26 千克，篮球的重量是 0.6 千克，中间有近 12 倍的差距。他们说铅球太重了，我说："我知道很重，因为你们用的是标准的比赛铅球，你们还是初中生，手臂上还没有那么大的力量，无法跟成年人比，但是请你们坚持尝试。"他们就这样一次次地尝试。与此同时，我想到我上小学的时候只上过一次铅球课，后来再也没上过，当时是一位女老师教的这门课。她跷着二郎腿，拿了把椅子坐在旁边，没有做安全防护。她让我们练习推铅球，我们就特别认真地练习，但动作不标准，最关键的是我们手臂的力量达不到，所以在整个推铅球的过程中，身体动作是变形的，而且也没有经过指导训练，仅仅根据老师简单的描述：把球举到脖子上方，再用力地把球推出去。我们班有个男生推的时候整个动作扭曲变形，当他试着把球推得更远的时候，就很轻易地发生了一个必然的概率性事件——球不偏不倚地砸到我们老师的大腿上。这位老师腿瘸了一个月，后来老师还因为这件事把我们狠狠地批评了一顿。

尝试了几次之后，我们回到篮球场，我让他们再次尝试投三分球，他们发现很轻松地就能把篮球投到篮筐处。轻和重就像我们在学习中的难和易一样，也是一个相对的概念。这个发现让我欣喜若狂。为什么刚开始觉得三分球很难投，推了几次铅球后就可以很轻松地投三分球了呢？

我上大学的时候，老师让我们肩上扛160斤的杠铃做半蹲，当听到两边的杠铃片发出响声的时候才算成功。那时的我们觉得160斤是那么的重。做了几组后，老师又让我们扛320斤的杠铃微微往下蹲，这时，你的姿势必须是标准的，你腰部的任何地方都不能有一点弯曲，但凡有一点弯曲，320斤的杠铃就会瞬间把你压下去，很容易导致脊柱受伤。当扛着320斤的杠铃往上起的时候，我才真正感受到它有多么的重。在这个世上，任何事物都有它的相对性和绝对性，做了几组320斤的之后再来尝试160斤的，我突然会感觉非常轻。这件事情就给了我一个启发，在安全的情况下，如果把身体能承受的重量推到一个上限之后再回到正常的训练节奏里，你就会感到异常轻松。同样，这里的"投三分球"也是这样的道理。

如果回到学习上，学习到底是难还是容易呢？我相信有一部分同学看到这里，脑袋里可能已经有了答案，甚至有了一些方法想要去尝试。我没有做过学习这方面的尝试，但是我有一个好朋友，他是专门研究学习方法的，尤其针对初中、高中的学习。我和他一起创立了一个学习工作坊。董进宇博士在中学生的潜能训练营里讲过几个小时的学习方法，有一些孩子就想在学习上进一步地实践和提升，我建议孩子们去实践研究一下。于是我就大胆地创立了这个工作坊，尝试着把董进宇博士的学习方法落实，再结合学生自身的素养，看最终能不能帮助孩子们在学习上更上一层楼。当时我向他们提议说，我们的主要目的是服务河南新乡的中学生训练营学员，之后每个周末孩子们都进工作坊学习。

我清楚地记得其中有一批初三学生想在学习成绩上有一个大的提升，于是就加入了这个工作坊。魏老师在给他们讲题的时候，我看到他们做的卷子，很多孩子做起来很吃力，后来我问魏老师这些题这么难，这些孩子会不会学着学着就没信心了。魏老师说他自有办法，这些题有的是高中的，有的是高考题，他不会一直让孩子们做这么难的题。他不仅向同学们讲做题的思路、思维方式，还要为他们提供辅导、训练。后来，魏老师又让他们做同类型的初中题目，那些孩子觉得很神奇：之前觉得那么难的初中题，现在做起来变得轻松多了。魏老师同我讲，其实很多孩子都有一个通病——懒，他们一旦觉得某件事太难，就容易中途放弃，开始怀疑自己、怀疑人生。如果让孩子们体会一下更大难度的学习之后，再让他们回到现在的难度上，这些孩子就会觉得轻松不少，就会更容易坚持下去。

强与弱、轻与重、难与易都是一种相对的感受，这种感受通过我们有意识地尝试和体验，是可以发生改变的。看到这里，我相信很多同学已经有了自己的答案，甚至有些同学已经摩拳擦掌、跃跃欲试地想找个"篮球"和"铅球"试试了。如果你真的这么想的话，就可以去试一试，尝试过之后你就会相信难与易真的只是一种相对的感觉。

同学们也可以主动地体会和训练自己，比如你认为现在的学习强度太大，那你不妨加大强度让自己体验一下，但得是你自己主动地尝试，有意识、有目的地逼自己一把，而不是被动地接受。如果你现在觉得学习太难，做数学题太难或者学英语太难，你不妨在这个基础上尝试一些更难的题目，不过我建议大家把这种体验放到暑假或寒假这样的节假日去尝试。如果你身边有一个像魏老师这样的人，他就可以帮你选一些同类型的题，引领着你；如果没有的话，你可以自己选一些高中的同类型的题来做。如果你现在上高中，你甚至可以尝试一下大学里的高数。

那些勇敢的人更愿意去探索自己的潜能、极限，对于愿意做这样尝试的同学而言，它会给你带来完全不同的感受，它会让你在学习上、在成长上更加轻松自如，更加有胜任感。千万不要小看自己身体所能承受的极限，也不要小看大脑工作所能承受的极限，要敢于体会、尝试，也许我们真的就能走出来一条"事半功倍"的路！

第
十
五
章

CHAPTER

共同要素

　　找到各个学科之间的共同要素，相当于找到了一个连接各个学科的管道。这样在学习某个学科的时候，相当于同时把其他学科需要训练的思维能力也训练了，你的能力增长会呈现几何级倍增的状态。

各位同学，你们想不想在单位时间不变的前提下把自己的学习效率提升 10 倍、20 倍，甚至是 100 倍呢？如果你真的想要使自己的学习效能呈几何形态倍增，那么我们就尝试着在学习上去寻找一个东西——共同要素。

　　共同要素是一个教育学概念，但我觉得它是一个人类学概念。我们思考一下，世界上到底有没有所谓的"天才"呢？我们大家都有一个脑袋，但每个人的脑袋的工作方式、工作状态都不一样，有的人表现聪明，有的人表现普通，有的人表现愚笨。

　　如果我们错过了 6 岁以前的早期教育，如果还想有天才的表现和超群的智力，那么我们就需要在后天的成长过程中去寻找有助于我们有卓越天才表现的一个梯子，而这个梯子就是共同要素。

　　我给很多同学的父母讲过 10 天的深度研修课程，其中有一讲就是关于人的智力培养的，这是一个非常重要的探讨。在跟各位父母讲这个话题的时候，就像是在给他们描绘一个我们所有智人都向往的地方。通过一个梯子，我们可以有天才一样的卓越的智力表现。

　　如果在早期教育的时候把梯子安装好了，那我们就可以顺着这把梯子爬到这样一个地方——所有同学都可以表现出应有的智力水平，你们的智商至少在 140 以上！听到这里，我感觉到有很多父母开始懊悔，甚至他们想再生一个孩子试一试。但幸运的是，这里还有第二把梯子——共同要素。第一把梯子错过了，我们的孩子早期的智力教育没有做好，我们可以顺着第二把梯子——共同要素，到达相同的地方。

对于这个概念，我和我的儿子分享过，但我没有跟他讲什么是共同要素，只是一个偶然的机会他问我："爸爸，你知不知道爱因斯坦？"我说知道一点。他又说："那你知不知道相对论？"我说也知道一点。然后他便让我给他讲一讲相对论，我便对儿子说："那我就需要补习一下，给你讲明白这个，有点难。"我不知道该怎么跟他讲相对论，但由于儿子执着地想听个大概意思，我就跟他说："你看我这么说，你能不能明白。你想不想跟爸爸做兄弟？"他说想，然后我又说："我也期望有一天咱爷俩能成为真正的兄弟。"因为我儿子从小和我在一块儿就像好朋友一样，有时候没大没小的，所以他说："咱俩如果当哥们儿，感情肯定会更好。"我说："那行，如果想当兄弟的话，你到海拔高一点的地方住，爸爸到海拔低一点的地方住。因为海拔高的地方和海拔低的地方时间走得不一样。海拔高的地方时间走得快，海拔低的地方时间走得相对慢一点。这样咱俩 20 年之后再见面，你会发现，在这 20 年的时间里，爸爸可能就长了 10 岁，而你在相对的海拔高度上，长得比较快，我们的年龄可能就差不多了，这个时间就是相对概念。"

跟他讲这些的时候，我们还聊到了宇宙是什么样的。我对他说："这个爸爸也知道一点，有个人叫德谟克利特，他喜欢研究宇宙，几乎是一个百科全书式的大家。德谟克利特通过研究宇宙推导出了宇宙的样子，他主要通过哲学、宇宙学去思考；还有一个叫但丁的文学家，他从文学的角度推导出了宇宙是什么样子的，他有个作品叫作《神曲》，描绘了宇宙模型；还有一个人叫爱因斯坦，是物理学家，他从物理学的角度推出宇宙的模样；还有一个人是数学家，他从思维几何的角度推导出宇宙模型的样子。你看，他们分别从哲学、宇宙学、文学、物理学、数学等不同的学科推出了同样的结论。这件事给了你什么样的启发呢？"儿子看着我回答道："不管是数学、语文、体育、地理，还是历史……学到最后，在一定程度上它们都是相通的。"我当时觉得他的回答是非常准确的。

他又对我说："爸爸，看来学习真的不能偏科，我地

以成长为目标的人生：献给亲爱的孩子

理不好，我便需要好好学学这门课。"我儿子这样理解，其实也无可厚非，因为他才初中一年级，有这样的理解已经很好了，但这个结果并不是我最终想去和他表述的。我们可以从源头来看一下，各种各样的科目，说到底，它们有一个共同的名字，那就是知识。我们学的语文、数学、英语、物理、化学、地理、政治等很多的科目，其实它们原来是没有分家的。

我们试着往前回溯，想一想如果我们就是人类的祖先，你是始祖，你坐在这里，你不知道你的父母是谁，没有符号，没有语言，也没有数学、语文、物理等这些科目。你要想在这样的自然世界里生存下来，就必须去累积各种各样的经验。一种持续的、稳定的且能把事情做对的经验和感觉太重要了。我们去捕猎，跟所有的东西"搏斗"，可能会用到各种各样的经验，比如我们要分配打到的猎物，我们需要去计算谁分得多、谁分得少，少了好计算，多了就不好计算了，我们就需要累积更多的关于计算的经验。我们要想交流、不打架，就需要尝试一种更好的交流方式。

还有一个更重要的问题，就是我们如何去躲避危险，躲避自然灾害。这时候就需要知道什么时候潮水会涨，什么时候会发生地震，什么时候会下雪，什么时候、什么地点会出现什么样的动物，采到的蘑菇哪些能吃……这些经验都需要去累积，而这种持续的、稳定的、能把事情做对的经验就是最源头的知识。但我们遇到的另一个问题是，我们这一代人累积的经验，如何让我们的孩子及后人知道呢？那些经验是我们的经验，而不是他们的，我们怎么样才能让他们掌握并使用呢？

我们就像一群猴子一样带着幼崽，我们不会说话，只会"吱吱、唧唧"地叫，告诉他们这里有陷阱；然后再到另外一个地方"吱吱、唧唧"地叫，用动作、叫声告诉他们如何捕猎、分割猎物。我们把这些引以为傲的经验，用自己的方式传给下一代，希望他们能够记住。

我们的经验越来越多、越来越庞杂，单靠"吱吱、唧唧"的叫声已经表达不清楚了，所以发明了符号，发明了语言，用这些符号来记录。我们当时把哪些事做对了，哪些事做错了，大致记录了下来，往下传承，但在传承的过程中，你会发现我们这个物种累积的经验越来越庞杂，为了便于传承，我们开始对它们进行分类。

我们把它们分为自然科学、社会科学、人文科学这样大的学科门类，其他的分在小的学科门类里。比如，你要了解生物，你会发现我们认识的生物越来越多，但当我们告诉孩子哪个东西能吃，哪个东西有什么特性，该怎么去捕捉它们的时候，你会发现有太多的生物，我们已经记不清楚了。对于这么冗杂的东西，我们要想传承下来就需要对它们进行分类，所以由大到小分成了界、门、纲、目、科、属、种，从而让我们对其更加清晰。

我跟大家讲这个是什么意思呢？我们现在学的数学、语文、英语、物理等课程，其实就像你认识的生物一样，是为了便于认识，便于了解，便于传承，从而人为地对它们进行了分类。

对于现在的学习，其实有很多同学都在盲目地学，这就像盲人摸象。比如说数学描述的是一个框架，语文描述的是某个形状，历史描述的是长度，地理描述的是广度，物理描述的是物质属性，化学描述的是它的一个局部。各个不同的学科描述了不同的地方，有的学科描述了耳朵，有的学科描述了眼睛，有的学科描述了鼻子，有的学科描述的是它的尾巴……什么意思呢？其实学的是同一个东西，只不过是不同的侧面罢了。

但如果你摸着大象的鼻子，你闭着眼睛，你就能知道它的腿是什么样子的；你摸着它的尾巴，你就能知道它的眼睛长什么样子。你能做到窥一斑而知全豹的时候，就说明你是了解这个大象的，你找到了共同要素，就像你学数学时能用到历史一样。

我们在宏观上了解一个事物时，也应该从微观上去了解它。每一个学科跟其他学科都会有一个管道是相通的。如果同学们没有找到这种感觉，那么原因有两个：一是认为学科跟学科之间没有相关性；二是我们学了一堆符号，没有深入它的思维内核里。这是学习过程中最大的障碍之一，一旦你意识到这个问题，打破了符号的壁垒，打破了学科之间的隔阂，那么你学任何学科就都会增加其他学科的见识。这样的学习会让我们的学习效能在单位时间内呈几何级的倍增，并且此刻你的学习表现就像传说中的"天才"一样。

当时的我不像大家这么幸运，没有人告诉我这些东西，我学习的时候，一科就是一科，完全是分立的，有门户之分的学习方式要想学得好需要吃很多苦头的。其实，所有的学科最后都通向了一个地方，所有学科都是有共通性的，就像我比喻的盲人摸象一样。

我读大学本科时候的一个老师的老师，是生物系的高教授。他来扬州的时候，我接待了他。高教授说："小杨，我有一段很重要的话跟你讲，在你研究家庭教育的时候，千万不要单纯地去研究教育学、心理学。如果你这样做，你就永远搞不好家庭教育。"我问高教授我还需要学习些什么，他对我说要学习所有跟家庭教育有关的东西，不管是数学、物理、化学、艺术等，我都得学。高教授分享了一个他的经历：他是研究生物学的植物学部分的，有4个中科院院士到高教授家里聘请他编写《中华大典》，这部典籍需要由各个领域最顶尖的学者来编写。高教授说他学植物学，最大的感受就是如果单纯地去研究单一学科会很难研究明白，它牵扯到了几乎所有的学科。高教授对我说："我这一生做学术、搞研究，我把最重要的一点告诉你，你研究家庭教育，千万别局限在教育学和心理学这些部分学科上，不要有门户之见，每一个学科都跟你现在从事的研究有关系。"

我不想等到快80岁的时候，再跟你们讲这番话，我想现在就把别人告诉我的，以及我从中获益的宝贵经验告诉你们。我不想让你们艰苦地学来学去，我希望各位同学在学习各个学科的时候，能知道你们其实学的是同一个东西，明白任何学科在思维上跟其他学科都是相通的。美国有一个盲人院的院长，帮人类做了一件很重要的事：他曾经花了 5 年时间去观察那些数学学习好和学习不好的学生，到底是什么制约和影响了他们呢？最后他给我们人类的经验宝库里贡献了一篇重要的论文。他解开了关于数学学不好的核心因素：与人的想象力有关。而我们原来一直认为数学是逻辑思维，但其实想象力的训练就在你们现在学的其他学科里，比如说美术、语文、地理、历史等学科。

有同学会问："杨老师，像你这样学体育的对于其他学科有用吗？"答案是非常有用的，因为我曾经有好几个哲学命题，就是通过体育原理弄明白的。例如打篮球，我告诉你篮球怎么打、怎么投篮，你会发现动作要领都知道了，却还是进不了球。后来我发现在投篮的过程中，教练教的怎么蹲下来、怎么起跳、怎么收腹把身体拉起来，大多都和物理有关。因为球的旋转，会产生不一样的压强，所以投篮便投不准。这样类似的事情还有很多，一旦同学们真的明白了，去寻找各个学科之间的共同要素，那么你就相当于找到了各个学科的关联所在。你在学物理的时候，你可以同时把其他学科需要训练的思维能力也给训练了，你的能力便会呈几何倍增长。

俗话说"师傅领进门，修行在个人"，但我更愿意做

以成长为目标的人生：献给亲爱的孩子

你们的朋友，"朋友领进门，修行也在你自己"。我不知道对于这个话题的分享你能不能有所启发，但是我非常开心，我在 40 岁的时候，和你们分享了共同要素这个重要的概念，最起码你知道了一件事——你学的每一门学科，对其他学科都有用。

真正明白这个概念，打破各个学科之间的壁垒，在各个学科之间找到共同要素，而不是直接面对这些符号和学科，是需要一段时间训练的。我希望各位同学能够发挥自己的主观能动性，去尝试、去练习、去实践！当你为自己搭建了这把通往天才之路的梯子，就能顺着这把梯子达到你人生应有的高度，在一定程度上，这也是学习的一个捷径。

第十六章

作茧自缚与破茧成蝶

学生在学习的过程中会输入大量的原材料，慢慢地就会形成特定的思维模式——作茧自缚，即建构性思维，然后你会发现形成的固定思维模式会限制思维的进一步成长，这就需要完成另一个过程——破茧成蝶，即反思性思维。这两个过程都很重要，没有作茧自缚，就没有破茧成蝶。

这里的"作茧自缚"不是贬义词，而是中性、客观的形容或表述，同样的，这里的"破茧成蝶"也只是一个中性、客观的概念。接下来，我们就从思维的两种形式和两个过程来谈一谈。

如果我们想要在学习上进一步突破，就需要去了解这两种思维形态。这里我试着用蚕的几个阶段：吐丝、成蛹、破茧、成蝶来谈一谈建构性思维和反思性思维。如果同学们有意识地去看一些名人传记，就会发现很多优秀的人都是有优秀的老师指引和熏陶的。"名师出高徒"这句话说得非常对，真正的名师有极其优秀的思维品质和极其卓越的思维系统，这些都会潜移默化地影响学生。孩子的父母如果有卓越的思维系统，那么孩子不用怎么刻意地训练就会有极强的思维能力。

我跟着董进宇博士学习了12年，在这12年的时间里，董进宇博士从来没有刻意地训练过我们的思维，都是在活潜移默化中传递的。我渐渐地发现很多东西学起来越来越轻松，虽然董进宇博士讲的理论我们能记住得非常少，但是我们形成了非常宝贵的思维系统。我认为董博士给予我的最珍贵的财富，就是卓越的思维品质和思维系统。如果有同学留心的话，就会发现从第一章到第十六章，我一直都在潜移默化地向大家传递这种思维。

首先，作茧自缚又叫作茧成蛹。这里讲的是建构性思维。比如，大家每学期都要经历几次考试，每次考试老师都会给一些概念、题目，然后我们通过思考、判断、推理，最终给出我们的答案。如果有的题目答错了，就会思考为什么错了，这考验的就是我们对原材料的加工、梳理、判断和推理的过程，其实这个过程就是一种建构性思维。它就像蚕吐丝一样，其最终的目的是作茧成蛹。刚出生的蚕宝宝会经历几次蜕皮，每蜕一次皮就相当于长大了1岁，一般蚕宝宝需要蜕4次皮之后，才开始吐丝作茧。我们可以用蚕做一个比喻，幼儿园以前的小朋友就像是蚁蚕（最小的蚕宝宝叫蚁蚕），然后小学会经历第一次蜕皮，在初中经历第二次蜕皮，到高中会经历第三次蜕皮，最后大学再经历一次蜕皮。在这个过程中，大家都在不停地储备能量，就像蚕宝宝在不停地吃桑叶一样。据调查，经过4次蜕皮之后的蚕的重量会是蚁蚕重量的1万倍。同理，如果把信息比喻成食物的话，我们就需要完成大量的信息储备，这样才有能力吐丝作茧成蛹。

　　蚕吐丝的过程就是我们对信息处理的过程，进而我们的精神力量、信息质量就会越来越好。在这个过程中，我们绝大部分时间都在练习建构性思维，这就是中国应试教育的优势。

学生在学习的过程中会输入大量的原材料，然后进行思考，训练思维能力，等到一定时候就会发现我们形成了很多特定的思维模式，然而，我们在享用这些特定思维模式的益处的同时，也限制了思维的进一步成长。换句话说，就是每天我们努力练习而固定下来的优秀思维，反而会限制思维层面上的进一步突破，这就叫作茧自缚。如果我们想要获得进一步的提高、突破，就需要完成另一个思维过程——破茧成蝶。

　　破茧成蝶，即反思性思维。比如反问自己："我这样想一定对吗？"反思性思维是以思维本身当作对象进行思考，就像有同学在课堂上用的思维导图，其实思维导图就是人们对自己的思维进行质疑而形成的一个更好的思维形态，如果没有这种质疑，我们的思维就会故步自封、作茧自缚，很难真正地、自由地思考问题。

　　通过观察有卓越思维表现的学生，你就会发现他们身上有一个共同的特性：他们敢于对自己的思维本身提出质疑，敢于对权威提出质疑。反思性思维在学校教育里是能够让思维能力大跨步提升的一个思维能力。作为学生要敢于对自己的思维本身产生怀疑，并且思考对策、进行验证。在这个过程中，你会完成一个了不起的甚至跨越式的能力增长。

传统心理学的建构性思维方式是就问题展开思考的，发展到现在所能解决的心理学问题只有两项，另外还有 12 项大的心理学问题未能解决。那么有人就提出了质疑："为什么传统心理学解决问题这么困难？"正是由于这些质疑，才有了现在的积极心理学。积极心理学不围绕问题去解决问题，而是给人呈现希望，呈现一种积极的生活态度，它用爱和希望引领心灵。由于积极心理学对传统心理学的思维本身提出了质疑，所以积极心理学解决了很多传统心理学解决不了的问题。如果说传统心理学是作茧自缚的过程，那么积极心理学就是破茧成蝶的过程，这两个过程都非常重要，没有作茧自缚，就没有破茧成蝶。

　　如果你有足够的勇气，我建议你进行一下反思性思维的尝试，如果能稍加练习，我想你一定会爱上思维。其实思维真正的魅力就隐藏在反思性思维里面，它会使我们爱不释手、欲罢不能，进而使学习、成长变成一件轻松愉快的事。

第十七章

你相信自己吗

当自己独处的时候，闭上眼睛，问自己几个问题——我相信我自己吗？遇到困难的时候我会抛弃我自己吗？我是否能继续试着相信自己？我是不是还能再往前走一段路？

驱动人进行思维的软件叫作信任。你是否足够信任自己？对自己抱有的信任在驱动着你进行怎样的思考与建构？

我刚开始接触家庭教育的时候，接触的家长及孩子都带着迷茫无助的眼神，有些孩子已经徘徊在休学的边缘，日日夜夜地打游戏，有些孩子甚至彻底放弃了自己。家长很无助地对我说："你帮我领着他走一程吧。"我之前反复地看过董进宇博士的《培育优秀子女的规律》，也听过董进宇博士的家长课，有一种感觉叫"初生牛犊不怕虎"，我隐隐约约觉得董博士的教育理念的科学性很强，觉得这些理念肯定能帮助到家长和孩子，于是我答应了家长。

我记得有一个孩子，他的爸爸把他领到我面前，爸爸说这个孩子每周都要请假，因为他在学习上遇到了很大的障碍。我就和孩子坐下来聊天，孩子很诚实，讲了一下自己的困扰，我看到了他特别强烈的想要学好的愿望。我跟他说我们先从朋友做起，我希望在相处的过程中，我能对他有所帮助。孩子就说："您放心吧，我一定努力，我会尝试着不再跟老师请假，我会试着让自己专注学习。"我很欣慰。过了几天，他的爸爸给我打电话说，那天回去之后，孩子的情况好了几天，但是到后面好像又回到从前了。我对他爸爸说："没事，你要相信我、相信孩子，最起码我们要相信爱，不管遇到什么困难我们都要好好爱他，我相信只要孩子是个正常人，我们就能够帮助到他，让他回归到正常的轨道，去干自己应该干的事，他毕竟是个孩子。"

这之后的日子，我经常跟那个孩子见面，聊得越来越多，我们之间的感情也越来越深厚，那个孩子每次都对我讲："老师，我特别想努力，我会试着不再跟老师请假了，我要让自己的心静下来、沉下来，试着融入学习的环境，不让你和我爸爸失望。"其实我也特别心疼这个孩子，我试着持续地信任他，觉得他会越来越好的。后来那个孩子又来找我，他问我能不能不在我的办公室聊天了，我很疑惑地问他应该去哪里，他问我是否会打台球，我想，既然不想讨论学习，那我不妨就陪他去放松一下，用心、用爱陪着他。

之后我们就经常一起去打台球，他时不时地会跟我讲两句："老师，你不要太担心我，我相信我会好起来的。"就这样过了大半年，他的爸爸又给我打来电话，他告诉我这个孩子的状况越来越差，甚至有点儿不想上学了，我跟孩子爸爸说："不管孩子遇到了什么事儿，我们应该多抱抱他，多用情感去陪伴他，要依然爱他，依然相信孩子能好起来。"

后来，孩子越来越不想上学，有一次他竟然拿了一瓶他爸爸的酒，问我能不能陪他喝杯酒。我看着这个孩子，感觉到他特别焦虑，他告诉我说："老师，我觉得我不行，我不是学习的材料，我想去打工。"说实话，这个孩子说完这些话，我心里面满满的都是遗憾。一个初中二年级的孩子如果不上学了，真的特别遗憾，我的心里甚至开始有了一种深深的自责：是不是我经常陪着孩子打台球，经常陪着他玩儿，导致孩子越来越不想学习了呢？

他爸爸对我说："老师，你也尽力了，我知道孩子跟孩子不一样，也许我的孩子在读书这条路上真的走不通，实在不行，就让孩子去打工吧。"我很沮丧，我也开始否定自己，我真的能帮到人家吗？我这么做对吗？我真的带给他温暖了吗？是不是我把人家的孩子带偏了？那个时候我特别自责，以致很多家长来找我咨询问题，我心里都特别恐慌，没有底气，我甚至在想我做家庭教育这个方向真的对吗？

不过，我还是不甘心，我就对那个孩子的爸爸说："你让我陪着孩子再走一段试试吧。我觉得我是有责任的，我想再陪陪他。"孩子爸爸说："杨老师，我知道你人特别好，无论什么时候，我和我的家人都感激你，如果你觉得我的孩子还行，你就经常跟他保持联系，多鼓励他。"可我觉得这是家长对我的安慰，我更难过了……

再后来，我给孩子报了一个活动，让他来参加，来试一试。结果却是，我精心设计的两天的活动，那个孩子就到会场来了半天，剩下的一天半时间他都和他的好朋友在宿舍里喝酒。我想去跟孩子聊一聊，他却说："杨老师，你别管我了，其实我上学也听不懂，也听不进去，我就想出来透透气。"我看着孩子这样，更加自责，跟其他孩子做活动的时候，我完全没有了底气。

这期间，也有很多家长说："老师，你看我们的孩子都这么长时间了（有的半年，有的一年了），还是没有放下游戏，还是没能走进学校，孩子的毛病也好像更多、更严重了。"我很敏感，接收到这样的信息后，每次在跟孩子的家长沟通时，我觉得我甚至需要大口地喘气，我感到很沉重、疲惫、绝望，那是我人生当中很艰难的一段岁月。

那段时间，我变得和很多家长一样，焦虑、恐惧、怀疑，一遍又一遍地问自己——"我还能行吗？""这些孩子还能行吗？""这些孩子该怎么办？"我一次又一次地去上课、去学习、去参加家长课，我到董进宇博士的训练营去带队，我就这么鼓励着自己，因为我害怕自己有一天会真的绝望了、放弃了。我也想找人说说话，但我害怕和家长或孩子谈我的焦虑，这样只会让他们更加焦虑和恐惧。于是，我就自己咬着牙硬挺着往前走，我一边走一边有两个声音在我耳边打架，一个声音告诉我："你不行，你能力不行，你的这种陪伴不行，这就是结果，你把人家孩子耽误了，也许人家换一个老师，孩子早就走出来了。"另一个声音告诉我："你不能倒下，你要坚持下去，如果你自己都不再信任自己，那你还能相信什么呢？"我对这些孩子付出了全部的爱，我用心陪伴他们，希望他们在无助的时候，我能牵住他们的手，即便他们没有跟我走，我也尽我所能地温暖他们。

但同时我觉得自己非常幸运，因为那些孩子在鼓励我，家长也在安慰我。家长说："老师，不管怎么样，我们看到了你的付出，看到了你的用心，不管孩子最后能不能回到学校，能不能考上大学，我们都会记着你，都会感激你。"孩子们说："老师，你千万不能放手，你一放手我们就连一点儿希望也都看不到了。"那时候，几十个孩子走得都很艰难，虽然没有哪个孩子有迹象表明他们在学习中进步了，父母在家不吵架了，一家人相处得更有力量了，但是那些孩子就是会完全地信任我。让他们去参加中学生训练营，他们就去；让他们去复训，他们也去。但有的老师向我反映，那些孩子不好好听课，在一起玩儿；有的家长也告诉我，孩子们去参加中学生训练营回来后一个字都没写。就这样，我真的是在硬着头皮往前走，有鼓励的声音，也有指责的声音。这个状况持续了一年半左右，这也是我最绝望的一段时间。

后来，我前面讲到的那个男孩的爸爸给我打电话说："杨老师，孩子想回到学校了，孩子想跟着初三年级继续学习，参加中招考试，孩子想读书。杨老师，你觉得我们还能信任他吗？他还能行吗？"我当时很高兴地说："能！最起码孩子的这个行为让我们看到了一点光亮，咱们应该先支持孩子，不管他行不行，这是孩子自己提出来的，我觉得很珍贵。"这个孩子回到学校后，他的爸爸和我都提心吊胆的，但是这个孩子真的就沉进去了，如今这个孩子已经上大学了，而且特别优秀。

后来，又不断地有曾经无助绝望的孩子给我打电话，其中有一个孩子和我通电话说谁谁谁又返回了学校，谁和他的父母关系好了，谁又进步了。他说："总之，杨老师，你一定要相信我们，我们都会走出去的，我们都会成为你的骄傲的！"我听完热泪盈眶……

分享这一段故事，我的内心还是蛮沉重的，所幸我觉得这一切都是值得的。

有个学生妈妈和我是老乡，咨询期间一直在问我她的女儿能考上高中吗，说她的要求不高，是个高中她就很满足了。结果考试成绩一出来，那个妈妈很兴奋地给我打来电话，告诉我她的女儿考上了河南师范大学附属中学，她怎么也没有想到自己的女儿能够考上这么好的学校。还有一个孩子把我约出来跟我说，他考到了年级第一名，他一年半没上学了，但是他回学校只用了一个学期就考到了年级第一名。我在想，这些令人绝望的，把人折磨得几乎崩溃，甚至让我都怀疑人生的他们这是怎么了。还有一个小女孩，原来有严重的自我否定感，怎么努力成绩都上不去，走过那段岁月后，她的妈妈给我报喜说她的女儿考上了中央民族大学。还有一个男孩，原本已经很差了，每次都是年级垫底，但是我一直觉得他能好起来，那个男孩也一直拿我当榜样，认为我也辍过学，最后也考上了大学，想走我的路，结果到最后真的是让人惊讶，高考结束后，他被北京体育大学录取了。

那段时间，我的脑袋里经常闪现出一个孩子说的话："落英缤纷于祖国神圣的大地。"我很欣慰，这些孩子都慢慢回到了属于他们的轨道，而我也浴火重生，有了这么一次经历，我再也不会怀疑自己了，再也不会怀疑爱了。学习、改变、成长、成功，这是一条人生的轨迹，也是后来我能在家庭教育里尽自己的一点微薄之力，去服务更多的家庭的动力和底气的来源，我一坚持就是 12 年。从这次以后，我便再没有动摇过我的信念。

此后，我在跟家长或孩子沟通的时候，我能看到更多积极的东西，我能看到前面都是希望之光，我能看到很多的温暖，我觉得一定能成功，每一个孩子都能走出困境。孩子们只是经历了这么一段漫漫黑夜，只要我们用爱、用信任陪着他们，孩子们就会永远相信自己，他们会跟自己有一个最美好的握手和拥抱，他们会告诉自己："我们和解吧，我相信你！"

我在扬州的两年，也是这么陪着一些孩子走过来的。我明白对于正行走在困境中的人而言，会觉得特别艰难，因为我曾眼睁睁地看着一个孩子就站在返回学校的边缘，一次又一次不敢迈出这一步，他怕自己做不到。那个孩子趴在我的办公室里哭泣，并不是学习有多难，也不是迈进学校这一步有多难，他们只是不相信自己。

还有一个孩子，三年多没上学了，初中一年级的知识都没有学完，他经常问我："杨老师，我还能行吗？我还可以吗？"我感觉到孩子强烈的渴望，但是他就是对自己不够有信心。有一段时间，我陪着一些父母一起去听董进宇博士的家长课，那个孩子跟我们同行，有一次我们聊天的时候，他对我说他想好了，他要从初一开始读起，他要参加中考、高考，要读大学！

　　不管经历了什么，哪怕这个世界上没有人相信你了，请你一定不要放弃对自己的信任，不要怀疑自己，即使硬着头皮也要往前走，一定要给自己一次证明自己的机会！一旦我们坚信自己能行，就会有一种更积极的思维，会变得有希望，会更加勇敢并且愿意去尝试。

以成长为目标的人生：献给亲爱的孩子

第十八章

CHAPTER

快乐是你的责任

只有成为一个快乐的人，才能获得作为一个快乐的人所能得到的一切，才能得到快乐情绪给你带来的无法想象的活力和能力。

本章我们来讨论一下快乐，因为它对每个人来讲都非常的重要。我对自己也做过一次观察，有一段很深刻的反思。

　　人有两个感觉，会促使我们去改变自己。第一个感觉是快乐。很多孩子发生实质性的改变其实就是从快乐开始的，快乐也往往能推动我们做出很多意想不到的事情。每当我看到一个孩子的脸上绽放出快乐的笑容时，我就明白，一个真正来自生命深层的变革要开始了。第二个感觉是痛苦。痛苦的时候往往会令人绝望，痛到极点，痛到了我们不能承受的地步，于是痛则思变，我们迫于无奈，选择了去改变自己。

　　痛苦给人带来的感受是消极的、被动的；而快乐给人带来的感受往往是更积极、主动的，而且是更深层的变革。对于很多同学来说，学生时期的你们应该把注意焦点放在学习成绩上，经常需要把分数、考学作为目标；而对于成年人而言，则是要实现教育目标、财富目标、地位目标、名誉目标等。当我们想要努力地对这些目标负起责任时，却发现我们整个身体的情绪系统不给力。

　　我们一次又一次地呐喊着，想让自己更努力一点，考的分数更好一点……但往往心有余而力不足，这种"力"是一种情绪能力，是一种精神能力，而快乐的能力正是推

以成长为目标的人生：献给亲爱的孩子

动我们产生这种变革的精神能力。

　　我给家长做咨询的时候，做过很多次的观察和记录。我发现如果一些家长带着焦虑、痛苦的情绪来找我做咨询，那么在后续的过程中讲如何去解决问题，如何去分析事件的来龙去脉和因果联系，往往效果不太明显。我经常看着这些家长们坐在那里聊，我也费了九牛二虎之力坐在那里和这些家长们聊……你会发现到最后聊的大部分内容都白聊了，没有太多的实际效果。还有一些家长来了之后特别焦虑，他们不让我说话，他们会说："杨老师，你先别说话，你先听我说。"他们讲自己有多么多么的痛苦、多么多么的焦虑，往往让我插不上话，所以这种沟通很难见到成效。

　　还有一种沟通是：家长很焦虑，很痛苦。我们不谈问题，而是试着去调整家长的情绪，让他们先快乐起来。我们即使在实际问题上谈得并不多，但是你会发现家长回家之后，改变的成效却很明显。后来我把这个经验用到了你们这个群体（学生）里去做沟通，我发现如果聊完之后这些孩子是痛苦的，那我约等于没聊；如果聊完了，他们很开心、快乐，我发现这种效果往往比较好，孩子们也比较容易做出改变。

　　我后来又做了一些深层的观察和研究，发现痛苦让人绝望，而快乐让人产生希望；痛苦让人固执己见，而快乐让人乐意改变。痛苦和快乐是两种不同的推动力。因此，在我想解决问题之前，有一个很重要的责任，那就是先使自己快乐起来，然后，再去想如何解决问题，如何改变现状。这是我特别珍贵的经验，如果做个比喻的话，快乐的情绪就好比沙子里面的黄金。

1848 年，美国兴起了一股"淘金热"，它直接推进了美国西进运动和西部大开发。"淘金"的字面意思就是一点一点地从无数粒沙子里去寻找那么一丁点的黄金，然后用黄金去购买我们现实生活中想要的东西。比如，我想买套房子，想买辆汽车，想买很多好吃的、好玩的……我有很多在现实世界的物质需求，我都可以拿着我从那么多沙子里面淘出来的黄金去交换。举这个例子的意思就是说明，人有各种各样的情绪，而快乐的情绪就是众多情绪里的黄金，非常珍贵。

要实现在现实世界、物质世界的某些理想，比如我想提升数学成绩，我想变得更幽默，我想更勇敢，我想考一个好的高中……我现在最重要的事情不是拼命地背书，当然这是实现理想的一个很重要的过程，但是在开始这个动作之前，我们首先是一个"淘金者"。你要先在你纷繁芜杂的情绪里，在像沙砾一样多的各种情绪里，试着把黄金淘出来，淘出来的"黄金"就是你的快乐，你要用它去交换、

以成长为目标的人生：献给亲爱的孩子

去"购买"你渴望实现的理想。

我不知道这个比喻会不会让同学们更明白，但我希望同学们能够记住，在学习、成长的过程中，你的第一个责任便是"淘金"，淘到自己的快乐。只有我们从生活中淘出像黄金一样珍贵的快乐，才有资格去交换、购买美好的理想。

我第一次意识到快乐的情绪是那么的珍贵，并把它上升到一个很重要的人生战略的角度来思考，是董进宇博士在《爱与智慧》的课程里讲人有两种状态后发现的。董博士讲了两句话：一句叫"胜者王侯败者寇"，另一句叫"不以成败论英雄"。这两句看似矛盾的话，其实描绘了人的两种状态，"不以成败论英雄"讲述的是做人的状态，是过程导向。因为人一出生，就进入了生命倒计时，每个人的生命最终都是要结束的。那么人作为人，不是为了最后那个结果而活的，人活的是过程，不是结果。如果我们要奔着结果去，每一天都会活在生命的倒计时里，活得心惊肉跳。人作为人的意义体现在我们生活的过程里。活这一天，如果快乐，你就赢了；如果痛苦，你就输了。活这一秒，如果快乐，你就赢了；如果痛苦，你就输了。回望这一辈子，如果过得还算快乐，你就赢了；如果终日痛苦，你就输了。从结果导向来看，快乐的人和痛苦的人终点都是一样的，都是生命的终结，但它真正的意义和内涵，是被赋予在过程里的。当时董进宇博士讲到这个的时候让我醍醐灌顶。

董进宇博士说"胜者王侯败者寇"讲的是一种做事状态，做事是结果导向。比如说，学习就是一种做事的状态，它不在于你因为什么没有学习好、因为什么没有考好，做事的状态，是以结果论英雄的。

做事就要轰轰烈烈，志在必得；做人就不要与人计较长短对错，要亲切随和，尊重一切人。

当时听董进宇博士讲完"胜者王侯败者寇""不以成败论英雄"，就是做人、做事的两种状态之间的转换，让我对两个状态之间的关系产生了更深的理解。其实，每一个生命从一出生，它就是一种承诺，承诺了这一生都渴望快快乐乐的。它是每个人的责任！

如果我们已经意识到快乐的情绪对于我们去实现梦想有多么的重要——它就像黄金一样非常珍贵，它能帮你兑现你的承诺，帮你实现梦想，帮你履行你的责任，那么怎样才能让自己真正开心、快乐起来呢？如果你去跟那些不快乐的人聊聊天或者你自己本身就不快乐，你会发现不快乐的人会有一堆令他不快乐的理由。例如，我的父母不理解我，所以我不快乐；我的学习成绩不好，所以我不快乐；

我的好朋友这段时间不快乐，所以我也不快乐；我讨厌这个老师，所以听他的课我不快乐……对于不快乐的人来说，总有一堆理由表明"我是不快乐的"。

你反过来想一下那些快乐的人，他们是不是有足够的理由说我必须怎么样我才快乐呢？我学习成绩上去了，我就快乐了；我换个老师，我就快乐了；如果你天天让我打游戏，我就快乐了。你仔细想一下，真的是这样吗？那些快乐的人真的是因为学习成绩上去了，天天打游戏，所有人都理解他，他就快乐了吗？真的是这样吗？如果你细心观察，你会发现那些成绩好的人，天天打游戏的人，也有很多不快乐。

那到底怎样我们才能获得真正的快乐，怎样才能获得"生命的黄金"去交换我们的梦想呢？

如果你愿意思考的话，我们接着往下思考：是什么原因导致不快乐的？你或许会想我必须有个理由我才能快乐。例如，当我考上大学，我才能快乐；我需要换一个班主任，我才能快乐；我需要打游戏，我才能快乐；我被人理解了，我才能快乐……其实，所有的这些理由只是证明了你是个不快乐的人。换句话说，它不是你快乐不起来的理由，相反的，它是你不快乐的证据！同时，它又证明了你是谁，你是个什么样的人，你的情绪状态是什么样的。所以，它绝不是理由，它们全部都是证据。我见过很多说"如果让我天天打游戏我就能快乐"的孩子，那么如果你天天打游戏，你真的就能快乐的话，我会很欣慰，最起码你可以度过快乐的一生。但我没有见过这样的人——让他随便打游戏、随便玩能获得真正的快乐。天天打游戏的结果只能证明一件事——你是一个不快乐的人。你是一个不快乐的人，你必须找理由来掩饰你是一个不快乐的人，你找的所有理由，全都在证明你是一个不快乐的人。

如果想获得真正的快乐，淘到"生命的黄金"，我们需要做到以下几点：第一，摒弃所有让你不快乐的理由和借口。第二，履行你生命的承诺，真正承担起让自己快乐的责任。第三，建立起利导思维的信念，即任何事情的发生，它一定是有利于你的。第四，输入那些让你快乐的信息和资料，比如看相声、小品、喜剧等；听让人欢快的歌曲，在你的意识层面不断输入这些能够激活你的快乐细胞的信息。第五，主动体会快乐给你带来的美妙的情感体验。体会快乐给你带来的推力，体会一下前面我所说的快乐是"生命的黄金"，我们拿着"生命的黄金"去实现美好梦想的感觉，最终让它内化成你的稳定的生命状态。第六，及时感谢那些在你生活中给你带来快乐的人和事，感谢你自己。

以成长为目标的人生：献给亲爱的孩子

我分享这些，是希望同学们在学习、成长的过程中，去利用好生活中这么好的珍贵资源，它给你带来的帮助，将是你无法想象的。我们有时候更容易把焦点集中在外在的目标和愿望上，而往往忽略了心中的目标和愿望。我们有一个非常重要的前提责任，那就是首先要对自己的快乐负责任。

　　只有先成为一个快乐的人，才能获得快乐带给你的无法想象的活力和能力，才能获得作为一个快乐的人所能得到的一切。我希望每一个孩子，在未来都有能力对自己的快乐负责任，让自己成为一个真正快乐的人！

第十九章

会读没用的书

严格来讲，从小学到大学毕业的读书之旅，都算是对基础知识的学习，它最大的作用不是直接应用，而是像盖楼打地基一样，只要我们的地基打得够扎实、打得够深，那么楼层才能建得够高。

我们每一天都在读书、学习，希望能够通过读书获得更多我们想要的东西，但同时有很多同学问我："杨老师，我们读书有什么用？学语文、数学、物理、化学等有什么用？"本章我们就来探讨一下这个话题——会读没用的书。

首先，我们要肯定的是，读书是有用的。我们的知识背景越大，理解事物的能力就会越强，进而我们才能认识客观世界、认识自己，才能有更精准的思维，最终我们对于自己的掌控感就会更强，我们"知"的能力越强，我们"行"的能力就会越强。

从小学到大学毕业的读书之旅，像盖楼打地基一样，但我要说的重点是，并不是我们读了书就是打了地基，打了地基就可以建楼。它其实是一个辩证的关系，如果我们想把书读好，就不能一直想着读书有什么用；如果我们是为了有用而去读书，那么把书真正读好将会是一件比较困难的事情。

宋朝有一个皇帝叫赵恒，他给了读书人一个不好的指引，就读书本身而言，赵恒有一段话我相信大家都知道，他说："富家不用买良田，书中自有千钟粟。安居不用架高堂，书中自有黄金屋。出门莫恨无人随，书中车马多如簇。娶妻莫恨无良媒，书中自有颜如玉。男儿欲遂平生志，五经勤向窗前读。"赵恒鼓励大家读书，是因为书里有"千钟粟""黄金屋""车马如簇""颜如玉"。我同意读书真的可以给生活带来这些东西，但如果我们想把书读好，就不能只是为了"千钟粟""黄金屋""车马如簇""颜如玉"而去读，因为它不符合大脑学习、吸收知识的自然人本性。如果大家在这个年龄读书是为了考一个高的分数，为了升学，这恰恰会让我们没有办法把书读到一个最好的状态。换句话说，要想把书读好，就不能为了有用而读。

董进宇博士经常描述他读书的感觉，他说一天不读书就会有饥饿感，浑身不舒服、不自在。据他的描述，有一次他因特殊原因外出，几天没读书，回去后第一件事就是到书房饱读一餐，因为对他来讲，读过书之后的感觉就像是吃了一顿饱饭，非常舒服。

后来，我观察了一些真正能把书读好的人和类似的有饥饿感的人，并查了一些关于人学习认知理论的文献资料，我发现要想把书读好，我们跟随着的就不应该是"黄金屋"和"颜如玉"，也不应该是考一个好的分数，而是应该跟着需要走。换句话说，学习知识、吸收知识是人天然的、内在的一种需求，它是人的精神食粮。而且，我们从知识里获得的精神营养是极其丰富的。

曾有专家做过一个关于"我们人类吸收知识最旺盛、最高效的阶段"的调查，得出的结论是：人类学习知识最快的阶段是 6 岁以前，如果在 6 岁以前再划分一个阶段，那就是 3 岁以前。那时候我们读书，不是为了有用而读的，因为那时的我们不知道读书、学习有什么用，所以在吸收知识的过程中，处于一个绝对巅峰的状态。并且大量的科学论证发现，人在 6 岁以前的读书状态同样适用于 6 岁以后，如果我们能有意识地去调整自己，使自己找到 6 岁以前的读书状态，那么读好书就是自然而然的事情。

　　我通过对孩子们的观察，发现最有意思的是小学一、二年级的孩子，他们有一个最典型的特征就是好奇。孩子们经常向父母问一堆问题，老师讲什么样的话题，孩子都会问为什么。这种好奇心正是人学习知识、吸收知识、满足需求的一种最典型的外在体现。

　　后来学着学着，我们的好奇心越来越少，变得越来越被动，渐渐地被考高分、考好学校、找好工作、挣大钱等因素左右。培根说，成年人要想迈进知识的殿堂，只有一条路，那就是让自己处于一个小孩的状态，像孩子一样充满好奇。当你这样去读书时，才能真正地读好书，考入一个好的初中、高中、大学那是自然而然的事情，得到"千钟粟""黄金屋"那也是自然而然的事情。

比如"肉包子打狗"，假如一个饥饿的人拿着肉包子，面前有一条狗，这个人忍着饥饿把这个肉包子扔到了狗面前，他看着这个狗贪婪地吃着肉包子，一边笑着一边捂着饥饿的肚子。从这里可以看出两件事：一是我们精神上对于知识的饥饿感；另一个是拿着肉包子没吃，用肉包子干别的事。对于一个饥饿的人来说，包子能救命，此外它还可以打狗、逗狗玩儿，也可以用它换我们理想中的"千钟粟""黄金屋""颜如玉"等。这个例子告诉我们，要想把书读好，我们需要保持饥饿状态，同时，我们还要喂饱自己。这些书就像各种各样的肉包子和食物，可以让我们变得有力量、有智慧，而"千钟粟""黄金屋""颜如玉"等就只是副产品而已。

　　如果真的想把书读好，我们需要做到以下三点：一是在学各个科目的时候学会提问题。学任何一个科目，不要被动地等老师讲，我们要先提出问题，把自己的好奇心调动起来。二是要赋予知识主体性。这是个比较抽象的概念，比如说数学，你把数学想象成一个有思想、有情感的人，你和它对话，赋予它生命，就像跟一个好朋友交流一样。如果能把这些知识想象成活的、有生命的东西，那么你提出的疑问不仅满足了自己的好奇心和需求，解除了饥饿感，更重要的是你在这个过程中，像是在跟人聊天一样，可以交换意见、分享观点，甚至还可以发生碰撞。三是要在生活中和现实世界里进行观察、实践和验证，要把它应用到生活层面。有一句话叫"纸上得来终觉浅，绝知此事要躬行"，其实我们在书上学的所有知识，都是从现实生活中获得的。所以我们应该把学到的所有东西还原到生活层面去观察、体会、想象、实践、验证。

我希望各位同学能够去体会和尝试，看看在自己的年龄能不能拥有 6 岁以前的读书状态，始终保持好奇、保持饥饿、保持单纯，在知识之间进入主体互动的美妙状态。

第二十章

CHAPTER

认识你自己

　　你是一个什么样的人，最终的解释权在你自己手里。你怎么解释自己，你就是什么样的人。一旦你觉得你快要掉入对自己错误认知的陷阱里时，就一定要不断地跟自己确认——是这样的吗？

我们从解释学的角度进入这个主题——认识你自己。首先，我先为同学们分享一个背景知识。

　　在古希腊神话里有一位名叫赫尔墨斯的神，他的职务是充当信使——就像我们如今的快递员，为其他众神传达宙斯的指令。但后来，他有了各种各样的称谓，如骗子的始祖、骗术最高明的神、狡猾的窃贼、商业之神、盈利之神、雄辩之神等。当然，他还是魔法的守护者，据说他的魔杖可以让神和人都睡着，也可以让他们醒过来。其实，赫尔墨斯只是一个传递信息的人，可为什么人们会对他产生这么多的感觉和认知呢？后来，我们发现他在传递信息的过程中可以对神的旨意进行解释，通过他的解释，人们可以挣钱、成功、有力量，但同时他也可以欺骗人。

　　赫尔墨斯其实是一个解释学的原型。哲学家发现，赫尔墨斯的形象跟我们人的形象一样，我们在认识自己的过程中，会有赫尔墨斯的影子存在。如果给自己传递的信息是盈利的，那么你就是你的盈利之神；如果传递信息跟事实不符，那么你就欺骗了自己。我们有时候也充当了自己的窃贼，也对自己施加了魔法，让自己看不清事实与真相，后来我们便从赫尔墨斯的故事原型里发展出了解释学。

　　每个人都在不断地认识自己，进而创造自己，无论你是什么样子，都是在认识自己的过程中对自己的解释和理解，然后根据自己理解的样子不断地去创造自己。

　　一位名叫海德格尔的哲学家在研究认识人如何理解自己的过程中，做了一个较为准确的定义，他认为人怎么去理解自己是非常重要的，把握自己的可能性和成为自己是一种活动，无论如何理解，我们都是在理解自己，在探讨自己的可能性。比如，我跟儿子有一个小互动，每次送他上学，都要在他的脑袋上亲一口，后来儿子问我为什么要亲他的脑袋，我告诉他，他的脑袋有一种味道，是聪明的味道，儿子就问我在亲他的时候有没有把他的聪明亲走，我开玩笑说："有。"他又问："你会不会更聪明？"我说："会。"他马上就生气了，然后接着问我他会不会变得没那么聪明了，我说："会。"他直接在我的脸上抓了3个手指印，然后委屈地哭了起来。结果，第二天他戴了个小帽子，我再亲他的时候，他就立马问我还有没有味道，我说："没有。"于是，他开心地笑了……

　　我的儿子在学习、成长的过程中，注意力和记忆力特别好，理解能力也很好，所以我就带着他往聪明这方面理解，于是儿子从小就对自己有一个解释——他是一个比较聪明的人。在我跟他的互动中，他解释了他自己。在他后来的学习实践过程中，虽然有过聪明的表现，也有过愚笨的表现，但是他的注意力焦点始终聚焦在他是一个聪明的人上，因为他就是这样解释他自己的。这就说明了在认识自己的过程中，无论你是聪明，还是愚笨；你是勇敢，还是怯懦；你是善良，还是狭隘，不管你是什么样的，全部都是自己解释出来的。你怎么解释自己，就会怎么去创造自己。

海德格尔的学生伽达默尔直到 2002 年才去世，活了 102 岁。他在我们认识自己、理解自己、创造自己的观点上也做出了巨大的贡献，他发现人无论是什么样的，都在对自己做出解释，人解释自己的过程也是创造自己和认识自己的过程。"解释"给了我们一把钥匙，通过这把钥匙，我们就可以重新塑造自己，如果你对现在的自己不满意，你完全可以塑造一个崭新的自己。

伽达默尔举了一个例子，他说如果一个老师认为作为老师就应该无所不知，他就会在脑袋里形成一个观念——因为我是老师，所以我必须是对的。然而这个老师可能会在教学的过程中，发现他的经验和他的认知并不一致，他渴望变成一个好老师，但是他通过这个不一致就断定自己不是一个好老师。其实问题的关键不在于他有很多不知道的，他会不会误人子弟，而在于他对于老师是个什么样的人的这个概念本身就有缺陷。如果你想成为一个好老师，那么正确的概念就像苏格拉底说的——我所知道的就是我一无所知，这个世界上没有谁比谁更聪明。也像乔布斯说的——保持饥饿，保持愚蠢。如果我们有了正确的概念，对老师有一个客观的认知，那么这就会更有利于老师成为一个优秀的老师，同样，这个道理对于学生来说是一样的。

伽达默尔还说我们被异化了，比如你在实际的学习中没有达到自己的预期，所以会觉得自己不够好、不值得被爱、没有价值等。这就是异化。一旦产生异化我们就必须去思考，思考我作为一个什么样的人才有机会克服这种异化，我应该是一个什么样的人。

董进宇博士在他举办的中学生训练营里讲人的错误观念是如何形成的，有的学生不懂解释学的背景，也不理解异化是什么，董博士便让他们看了一个短片，叫作《超越巅峰》。一对爷孙因为汽车抛锚来到了一个农场，他们看到了一只怪鸡，但它其实是一只鹰，只不过它和鸡在一起生活的时间久了，就有了鸡的习性。爷爷亨利曾是个棒球冠军，他看见这只鹰的时候就说它应该属于天空，但农场主说，那只鹰已经不再是翱翔于天际的鹰了，它只是守着寸土的怪鸡……

为什么面对同样的一只怪鸡，他们的理解却不一样呢？其实这就像海德格尔的那句关于理解的定义——无论一个人如何理解，他都在理解他自己，并探讨了自身的可能性。亨利曾是棒球冠军，他便根据自己是如何从一只"鸡"变成一只"鹰"的过程去认知，但是农场主就把这只鹰当成鸡来养，而这只鹰也不负农场主的期望，表现得就像一只鸡。

那么，想要克服这种异化，就需要在源头上建立正确的观念，要正确地认识自己、了解自己。如果我们对自己形成了错误的观念和认知，那么我们就会解释出一套自己的人生模型，你的一言一行都会依照这个模型去表现。如何理解自己？如何拥有一套更好版本的关于人的观念？我是谁？我的能力是什么？……这些观念将决定我们如何去解释自己、创造自己。

有一个避免大家掉入错误观念陷阱的办法。比如有人说你笨，你就要问自己一下：是这样吗？这是真的吗？要知道这个世界上没有谁是上帝，也没有谁能评价谁。如果你考试总是不及格，脑袋里冒出一个念头——自己笨，那就赶紧问自己一句：真的是这样吗？如果出于某些原因我们欺骗了父母或别人，有人说你是骗子，是不诚实的人，你也要拍着自己的脑袋问一问：真的是这样的吗？如果没有能力看清自己，你可能真的会觉得自己是一个骗子、是一个笨蛋。所以

以成长为目标的人生：献给亲爱的孩子

不管遇到什么样的事情，一旦你觉得你快要掉进错误认知的陷阱里时，你就一定要问自己：是这样的吗？这样看自己客观吗？反问自己，重新解释自己，你就有机会去重新认识你自己，形成一个更好的关于你是谁的概念。

我们再回到赫尔墨斯的故事。赫尔墨斯可以是神的忠实信使，也可以是狡猾的窃贼，还可以让人盈利、拥有魔法，这一切都源于他有解释权。各位同学，如果你对自己也有认识不清楚的时候，我建议你在桌子上写下"我是某某某，解释权在我手里"这句话。无论你是好还是坏，解释权都在你的手里，都是你自己解释出来的。

第
二
十
一
章

卓越路标，领航梦想

　　我真诚地希望同学们能顺着这些优秀卓越的路标走下去，在未来的某一个路口、某一个时间节点上遇到更好的自己，因为这是值得我们期待和追求的事情。

同学们一路学习、思考，现在我们进入最后一章！我希望同学们能够通过一些优秀的路标，启动你们的理性能力，最终实现自己的梦想，做自己人生的船长。

记得儿子上幼儿园的时候，他不愿意进学校，抱着我的腿，一边哭一边喊着不想去上学。后来他发现抱腿哭没有用，于是便改变战术，躺在地上打滚儿，一边打滚儿一边喊着不想去上学。这些行为是幼儿的心智模式。看着躺在地上撒泼打滚儿的小朋友，你会觉得他就像一个可爱的小动物，还没有太大的理性能力，因此，你会耐心地陪伴着他，不会期望他有多高的成熟度，因为那个年龄的他撒泼打滚儿是正常的。

然而，随着年龄的增长，到了十几岁、二十几岁，甚至成年了，很多人还停留在幼儿的心智模式里，遇到问题的第一反应不是想着怎么去解决问题，而是启动一个感应程序，就像小时候撒泼打滚儿以期能够解决问题，以期能够让别人承担起责任一样。

我在小时候也撒泼打滚儿，后来我知道了撒泼打滚儿根本就解决不了问题，因为没有人能替我成长、替我学习，更没有人能替我收获、替我失去，就像父母终究会变老，而你必须学会长大一样。我希望同学们告别那种用撒泼打滚儿解决问题的模式，要像一个成熟的智人一样，

以成长为目标的人生：献给亲爱的孩子

启动自己的理性程序，发挥出理性的能力，像智慧的巨人一样去解决问题、去实现梦想、去创造未来。

我们要实现梦想、要变得优秀卓越，有什么样的路标可以参考呢？首先，我们把优秀卓越比喻成一个目的地，你在茫茫大海里开着一艘游轮驶向你的目的地，如果没有罗盘、没有方向、没有目标，就很难到达目的地。另外，如果优秀卓越是一个目的地，那么它是唯一的一个地方，还是任意的一个地方？换种说法就是你今天上了一天学准备回家，那么你是要回到你的家，还是走到任意一家都行呢？答案很明显，肯定是要回到自己的家。

我刚到扬州的时候就做过一件很搞笑的事情，当时扬州的很多道路、路标及建筑，我都不太熟悉，有一天下班后，我想散步回家。我走到一个路口，本应该往左拐，结果我一直往前走，直到我感觉周围的建筑都不熟悉时，我才意识到我走错了路，无奈之下我招手打了一辆出租车，才最终找到了回家的正确路线……

在上面的分享中，我们知道了优秀卓越这个目的地是唯一的，所以下面我们就围绕这个话题谈一谈那些优秀卓越的人是怎么成为那样的人的。

拿破仑·希尔对这些卓越的人做过研究，写了一本叫作《思考致富》的书，他告诉我们那些卓越的人都有卓越的路标。我曾经讲过一个叫史蒂芬·柯维的人，他总结了高效能人士的七个习惯，那么他的这七个习惯是从哪里来的呢？史蒂芬·柯维对美国 200 年来的优秀卓越的人做了研究，他发现每一个普通人只要顺着那些人的路标走，也都可以通往优秀卓越的目的地。

董进宇博士从小学一直到高中毕业都是全校第一名，他把自己的女儿也培养成了南加利福尼亚大学的博士。通过和很多优秀的中学生、身边的成功人士交流，他发现在学生时代的我们同样是有路标的，人只要没有遗传疾病，那么优秀卓越就跟你的原材料没有关系，它最大的干扰是迷失方向，就像杨老师一样迷路了——我一直以为这个是回家的方向，这个路是通往优秀卓越之路，结果这个方向是错误的，以至于最终不能到达目的地。下面是我把董进宇博士对优秀卓越者的研究和思考给各位同学做的一个呈现。

董进宇博士总结的第一个路标是"优秀卓越的学习者重视时间的价值"。因为他们的信念系统里深刻理解了时间是价值交换的最宝贵的资源和财富。普通的学习者轻视时间的价值，有的人认为自己的时间的最大价值是用来看电视，感觉看电视会很快乐；或是用来吃、喝、玩、乐，感觉吃、喝、玩、乐也挺好；打游戏，感觉打游戏并没有浪费时间……他们认为自己的时间并没有白费，就像我认为自己没有走错路而事实上我早已走错了路一样，只是自己不知道而已。真正优秀的人深刻地理解时间的价值，他们用时间交换真正宝贵的东西。

第二个路标是"优秀的学习者通过获取知识来满足自我成长的需要"。他们通过读书获取知识来满足成长的需要，在不同的年龄做自己该做的事。而普通人则是通过降低欲望去求得心理平衡。比如小时候我们的目标是成为科学家，然后上学之后目标是考上清华大学，结果初中之后目标变成了考一个普通高中就行，上了高中后目标便变成了考个大专就行。真正优秀的人是遵循路标的指引，通过获取知识来满足自我成长的需要。

第三个路标是"优秀的学习者相信一分耕耘一分收获"。他们想获得什么，就会通过付出、实干来获得。最典型的不劳而获的心理就是买彩票，你可以观察一下，买彩票的有几个是真正的富人？又有几个是成功者？真正的成功者不是靠买彩票而有钱的，他们有钱是因为相信"一分耕耘一分收获"。而对于各位同学，也可以在学校看一看真正学习好的有几个是靠投机取巧取得好成绩的？结果不难发现，知识是一个累积的过程。

第四个路标是"关心自己真正需要什么"。优秀者会想我考高中需要什么？我考大学需要什么？认为自己的成长不需要和别人比较，他们是通过有效的学习来满足自己的成长需要。而普通人只关心别人有什么，会在意别人的成绩为什么会那么好，会在意别人穿什么衣服、做什么发型……总是关心别人有什么，然后通过低效或无效的努力来获得。

第五个路标是"优秀的人遇到事情会进行有效思维，相信任何事情都是有因有果"。比如成绩不好，优秀者会想为什么成绩不好？问题出在了哪里？然而普通人却不愿意去思考，认为思考是最繁重的劳动，宁愿相信别人说的也不愿意自己去思考。

第六个路标是"优秀者注重学习方法，不断通过改进学习方法来提升学习效率和效能"。普通人却是每天只盯着学习结果，单纯地通过增加学习时间去提升学习成绩。

第七个路标是"永远活在当下，将注意力焦点集中在此时此刻我该做什么、我能做什么"。优秀卓越者想的都是"我能干什么""我把此刻正在做的事情做好"。而普通人常常不是活在过去就是活在未来，懊悔自己做过的不好的事，恐惧未来还没有发生的事，或者总是在抱怨，比如当下的生活不如意、学习环境不好，认为中国的教育体制不适合他……

第八个路标是"注重学习，深信知识就是力量"。优秀卓越者知道要想成功必须学习，坚信知识就是力量，从没想过不学习也能成功这件事。而普通人则认为学习没有用，不相信知识就是力量，普通人是平面思维，会想我学习数学、语文、物理、化学、历史、政治、地理等能直接给我带来什么好处？

第九个路标是"对自己的生命负全责"。优秀卓越者认为自己的生活、学习就是一种选择，成功、失败、快乐、痛苦、贫穷、富有都是选择的结果，自己优秀或平凡都是自己选择的结果。而普通人则是让别人对自己的生命负责，用撒泼打滚儿来满足需求，他们认为自己没有选择，是自己的环境造就了现在的自己，他们让社会对自己的生活负责，他们让父母、家人、别人对自己的幸福快乐负责。

第十个路标是"优秀卓越者遇到挫折、困难、失败时，第一不自我否定，第二不改变目标，第三改变方法"。普通人遇到同样的挫折、困难、失败时，第一否定自己，第二改变目标，第三不改变方法。

第十一个路标是"懂得感恩，认为感恩是人生的必修课和大修养"。优秀卓越者深知感恩父母、感恩别人，最大的受益人其实是自己。而普通人不懂得感恩，他们渴望不劳而获、不断索取，终生缺乏安全感和存在感。

第十二个路标是"优秀的人善于与人交流、合作，通过与别人分享来成长自己"。普通人喜欢单干，他们往往选择通过独自埋头苦干来成长自己。

各位同学，我们来回顾一下这十二个人生路标。如果你一个也没有，那么你注定平庸、平凡；如果你拥有了大部分，那么现在你对优秀卓越的目的地的掌控感会越来越强。因为优秀卓越的人会给自己一个优秀卓越的观念，并把这些观念和信息深深地植入内心，你的一言一行都会体现出优秀卓越者的成长态度和信念。优秀不是一种偶然，而是一种必然。

我真心希望各位优秀的同学能够回归到原有的道路上，回到自己优秀卓越的道路上。你可以想象前方已经有一个自己在等着你，你走不同的路会遇到不一样的自己：优秀卓越的你、平凡平庸的你……每个自己的人生处境和状态都不一样。我希望同学们顺着优秀卓越的路标向前走，在未来的某一个路口、某一个时间节点上去遇到更好的自己，因为这是值得我们去期待、去追求的一件事。

以成长为目标的人生：献给亲爱的孩子

后　记

　　永远忘不了那个夏天，第一次与我的孩子相见，我看着他清澈的眼眸，像做梦一样。他那么小，那么柔软，我抱起他的时候不知所措、小心翼翼，生怕不小心把他抱坏了。那一刻，我知道我爱上了他，像被施了某种神奇的魔法一样。

　　他会笑、会哭，可是他不会说话，也不会照料自己；再长大一些，他学会了走路，也会撒泼、打滚儿、耍赖皮，会逗人开心，也会让人苦恼。可是，他是我的天使，是我生命里最珍贵的礼物，也像是我的梦想。

　　后来，我遇到了更多的家庭和孩子，陪他们笑，陪他们哭，快乐着他们的快乐，忧伤着他们的忧伤。我很庆幸，能有这样的机会参与这些家庭和孩子的成长，我的内心被深深震撼。原来，每一个孩子都是无比美丽的天使，每一个孩子都是上帝送给父母的最珍贵的礼物。

也因如此，我不断地想到我的父母、我的老师、我的同学和朋友；想到我曾经也是个孩子，也曾经懵懵懂懂、磕磕绊绊地走在成长的路上；想到曾经想要自我放弃的每一个瞬间；想到每一次即将坠入谷底的艰难转身；想到每一个在我迷茫时拉过我一把的人。我内心很感动，也很感恩，曾经那个无助的孩子已经顺利长大。

各位同学，亲爱的孩子，请允许我称呼你为亲爱的孩子，因为在我的心里，你是那么的珍贵，你值得拥有世界上一切最美好的事物。在我的内心，特别盼望你能幸福快乐地度过一生。所以，我有很多的话想要对你说。其实，我很早就想说，只是每每话到嘴边，不知该如何开口，感到力不从心。因为你是那么的珍贵，我生怕自己的人生道理让你难以入耳。伴随着很多孩子的成长，十多年过去了，我想，我可能还是说说比较好。

亲爱的孩子，成长的过程，总是伴随着迷茫、孤独、怀疑、痛苦，有时你可能会感觉生活陷入了一个怪圈，身体内仿佛有另一个自己，他呐喊、挣扎，却常常事与愿违。我也曾在这些挣扎中挣扎，也曾因内心的彷徨、孤独而独自哭泣，为生活的失控而感到抱歉，常常会感到疲惫，感到受伤，感到无助，感到迷茫。我也渴望得到更多的温暖，渴望得到真正的爱。直到长大后，我才明白，这就是喜、怒、哀、伤、酸、甜、苦、辣交织的成长，终有一天，你会感受到成长的力量。所以，亲爱的孩子，无论何时，都不要放弃自己，你会像我一样，按时长大。只要你愿意始终探索你自己、认识你自己，你会成为一个独立、坚强、坦率、勇敢、成熟的人。

亲爱的孩子，看那岸边的柳条在醉人的风中翩翩起舞，翠绿的树苗畅快地汲取着甘甜的雨露，闪烁的星光坚定地在天际散发着它的光芒。当你感到迷茫无助无法向前的时候，要试着拨开眼前的迷雾，去找到我们生活中如金子般珍贵的美好与欢乐，你会因此找到自己心中的向往，找到方向，找到力量，也找到自己。

亲爱的孩子，我想对你说，在你成长的过程中，重要的不是寻找答案，而是提出问题；不是把控结果，而是走向远方；不是成就期望，而是成为自己！我盼望你能不断地认识你自己，要知道自己是独一无二的存在；我盼望你在仰望星空期盼未来的同时，能把握当下、脚踏实地，重视时间的价值，做让自己感到真正幸福快乐的事情。要相信，总有一天，你会到达理想的彼岸。

亲爱的孩子，我热切地期盼着那一天；我对此深信不疑。